www.tredition.de

Thomas Sailer

INFLATION AUSBREMSEN

Warum dein Leben immer teurer wird und was du tun
kannst, damit die Teuerung dich kalt lässt.

www.tredition.de

© 2022 Thomas Sailer

ISBN Softcover: 978-3-347-52142-1
ISBN Hardcover: 978-3-347-52147-6
ISBN E-Book: 978-3-347-52148-3

Druck und Distribution im Auftrag des Autors:
tredition GmbH, Halenreie 40-44, 22359 Hamburg, Germany

Inhaltsverzeichnis

1. Einleitung 8

2. Gründe für die Teuerung 12

3. Die wesentlichsten Teuerungsfaktoren 15

4. Konsumkontrolle 21

5. Wer bestimmt, wie viel dein Geld wert ist? 27

6. Komplexität 31

7. Mediale Einflüsse 36

8. Gestiegene Standards am Beispiel Auto 38

9. Deinen Standard erhalten 41

10. Selbstgemachte Teuerung 45

11. Autarkie 51

12. Privatverkauf und Tauschhandel 59

13. Sparen 64

14. Kredit 70

15. Investitionen und der Traum vom großen Geld 74

16. Das Müssen muss aufhören 81

17. Der Wirtschaft schaden 85

18. Die Inflationsrate 88

19. Fazit 94

Vorwort

Schon seit vielen Jahren befasst sich Thomas Sailer u.a. auch damit, ein Maximum aus seinem Geld herauszuholen und eine unnötige Abhängigkeit vom System zu vermeiden.

Als Kunstschaffender versteht Sailer sich auch als Vordenker verschiedener gesellschaftspolitischer Themen. In diesem Buch teilt er seine Erkenntnisse im Bereich »Teuerung.«

Die Basis dieses Buches sind das Freizeitpionier-Konzept sowie persönliche Erfahrungen von Thomas Sailer. Es erhebt keinen Anspruch, ein (wirtschafts-)wissenschaftliches Werk zu sein. Es zitiert keine Quellverweise und behält sich das Recht vor, gegebenenfalls von der Lehrmeinung abzuweichen. Ebenso sieht es sich nicht an den zugehörigen Fachjargon gebunden. Eine Expertenhaftung ist ausgeschlossen.

Dennoch wurde dieses Buch mit einem hohen Anspruch verfasst. Ein Freizeitpionier schafft sich Wege, wo andere nur das Unmögliche sehen. Analog dazu dient dieses Werk dazu, dem Leser dabei zu helfen einen individuell optimierten Weg zu finden, um auf die Teuerung zu reagieren und sich dagegen möglichst gut zu immunisieren.

Dieses Buch wurde für Privatmenschen geschrieben. Es ist so aufgebaut, dass die Inhalte von einem möglichst breiten Leserspektrum problemlos verstanden werden können. Damit durch Förmlichkeit keine Distanz zu den Inhalten entsteht, wird das »Du-Wort« verwendet.

Aus Gründen der Lesefreundlichkeit verzichtet dieses Buch auch auf Gendering. Jedoch wird explizit darauf hingewiesen, dass sich dieses Werk selbstverständlich an Frauen wie Männer gleichermaßen richtet.

Viel Vergnügen beim Lesen!

Über den Autor

Thomas Sailer B.A., geboren am 4. August 1987 in Eisenstadt, ist Schriftsteller, Künstler und Freizeitpionier.

Während seines Studiums entdeckte er seine Leidenschaft für das Schreiben. In dieser Zeit entstand das Manuskript zu seinem Debütroman **Der Freizeitpionier**, der im Dezember 2011 erstveröffentlicht wurde.

Weitere Romane von Sailer sind **Die Wüstenpflanze** (2012), **Die Aktivistin** (2014) und **Die Gefängnisinsel** (2018). Über seine Vergangenheit in der virtuellen Harry Potter-Fangemeinde schrieb er außerdem die Autobiografie **Chronik eines Harry Potter Fans**, die auch ins Englische übersetzt wurde.

Sailer, der passionierter Liebhaber alter Autos ist, betreut außerdem das **Projekt1310**, ein aktionskünstlerisches Fundament der Freizeitpionier-Idee. Das Projekt inszeniert einen Oldtimer als Kunstobjekt.

Seit 2019 konzentriert sich Thomas Sailer verstärkt auf die multimediale Umsetzung seiner Werke. Im Herbst 2020 verwirklichte er mit **Die Gefängnisinsel – Doku einer Flucht** eine erste Filmadaption seines Romans »Die Gefängnisinsel.«

Sailer ist außerdem Vorstandsmitglied des Kunstvereins **ART HOUSE PROJECT** in Eisenstadt und Co-Organisator der Kunstmesse **TRANSFORM-ARTE**.

1. Einleitung

Das tägliche Leben ist ganz schön teuer ... und es wird ständig teurer und teurer! Das Preisniveau steigt immer weiter und bei dieser Entwicklung ist kein Ende in Sicht.

Vielleicht stellst du dir manchmal die Frage: »Wie soll das nur weitergehen? Wie soll ich mir das Leben in Zukunft noch leisten können, wenn alles unaufhörlich teurer wird?«
Das sind natürlich berechtigte, existenzielle Sorgen. Es ist absolut verständlich, dass es bedrohlich wirkt, wenn so elementare Dinge wie Nahrungsmittel, Strom, Treibstoffe und Mieten andauernd verteuert werden.

Aber woran liegt es eigentlich, dass alles immer teuer wird? Ja, vor allem: Was kannst du tun, damit die Teuerung dich persönlich nicht so sehr trifft? Das sind die beiden wesentlichen Fragen, denen wir in diesem Buch auf den Grund gehen werden.

An dieser Stelle habe ich gleich eine gute Nachricht: Du brauchst bestimmt kein Wirtschafsstudium, damit du die Buchinhalte für dich nutzen kannst. Dieses Buch habe ich nicht für Experten geschrieben – denn die Profis wissen ohnehin, wie sie ihre Schäfchen ins Trockene bringen können.
Dieses Buch richtet sich primär an Menschen, die sich nicht ständig mit Geldanlagemöglichkeiten beschäftigen wollen. Dementsprechend zielt es auch nicht darauf ab, dir irgendwelche risikoreichen Anlageformen einzureden, die du ohnehin nicht umsetzen wirst. Ich erzähle dir nichts Näheres über Aktien, Fonds, Kryptowährungen, Wertpapiere und Dergleichen. Mein einziger Rat zu diesen Themen lautet, dass du als Laie besser die Finger davon lässt.

Vielmehr geht es in diesem Buch um **Strategien**, die du in deinem Alltag ergreifen kannst, damit du **von der Teuerung unabhängiger** wirst. Welche Kleinigkeiten kannst du in deinem täglichen Leben anders machen, damit dich die Inflation nicht so sehr tangiert? Genau das möchte ich dir in diesem Buch erklären.

Vielleicht fragst du dich jetzt, woher ich dieses Wissen habe. Was qualifiziert mich eigentlich dazu, dir dabei zu helfen mit der Inflation besser zurechtzukommen?

Die Antwort darauf ist einfach: Als Kunstschaffender war ich schon früh darauf angewiesen, mit wenig Geld und mitunter auch ohne regelmäßiges Einkommen zu überleben. Ein Überlebenskampf in einer Welt in der fast alles Geld kostet.

Davon abgesehen wollte ich im Endeffekt auch viel mehr als einfach nur irgendwie durchzukommen. Die Idee vom »mittellosen Künstler« liegt mir nicht – mir ist es sehr wohl auch wichtig, eine gesunde und solide finanzielle Basis zu haben!

Also habe ich damit begonnen Strategien zu entwickeln, um aus meinem Geld ein Maximum herauszuholen. Denn letztendlich zählt nicht, wie viel Geld du hast, sondern wie viel du dafür bekommst.

Geld ist in unserem Alltag ein unentbehrlicher Faktor. Es ist ein **wichtiges und notwendiges Werkzeug**. Wie bei jedem anderen Werkzeug ist es auch bei Geld wichtig, dass du richtig damit umgehen kannst.

Ein »richtiger Umgang« lässt sich übrigens nicht pauschal definieren. Wie du persönlich mit deinem Geld richtig umgehst, hängt stark von deiner individuellen Lebenssituation ab. Daher liegt der Fokus in diesem Buch auch darauf, dir dabei zu helfen, den **für dich persönlich** richtigen Umgang mit Geld herauszufinden und besser zu definieren.

Wenn du den richtigen Umgang mit deinem Geld erlernst, bringt das noch weitere Vorteile mit sich. Dass du damit auch besser auf die allgemeine Teuerung reagieren kannst, ist strenggenommen nur ein **weiterer Bonus**.

Damit dir das gut gelingt, ist es erforderlich, dass du die Buchinhalte einerseits **selektierst** und andererseits **abstrahierst**.

Je nachdem wie deine individuelle Situation aussieht, kann eine bestimmte Anregung für dich sinnvoll, oder eher weniger passend sein. Wichtig ist, dass du genau die Punkte herausfilterst, die für deine persönliche Lebenslage **relevant** sind.

Auch ist es wesentlich, dass du Beispiele richtig verstehst. In der Kommunikation arbeite ich gerne mit Beispielen, um Sachverhalte greifbar zu veranschaulichen – so auch in diesem Buch. Diese können – müssen aber nicht – zu deiner persönlichen Situation passen. Entscheidend ist, dass du das jeweilige Prinzip dahinter erkennst und auf dein eigenes Leben **abstrahierst**.

Für die Ausarbeitung deiner **individuellen Strategie** im Umgang mit der Teuerung ist daher relevant, was deine Ausgangsbasis, bzw. deine Motivation ist.

Tust du dich mit deinem Einkommen (bzw. Auskommen) tatsächlich schwer und weißt nicht, wie du angesichts der starken Teuerung in Zukunft über die Runden kommen sollst?

Oder bist du in der Situation, dass du wohl noch problemlos durchkommst und dich die Teuerung vorerst einmal nicht in ernsthafte finanzielle Bedrängnis bringt, du dir allerdings von deinem Geld gerne mehr leisten könntest?

Vielleicht hast du aber auch größere Ersparnisse, um die du dich sorgst? Abhängig davon, in welcher Situation du dich befindest, sind gegebenenfalls unterschiedliche Schritte notwendig, damit du dein Ziel erreichst.

Nachdem potenzielle Lösungswege abhängig von deiner Situation, deinen Bedürfnissen und deinen Ansprüchen bzw. Wünschen sind, kann dir dieses Buch natürlich keine punktgenaue Anleitung zu einem auf dich persönlich maßgeschneiderten Erfolgsweg liefern.

Was es dir aber sehr wohl bietet, sind reichlich Anregungen, die du nutzen kannst, um deine individuelle Strategie im Umgang mit der Inflation sowie dem generell hohen Preisniveau zu entwickeln.

In diesem Buch gebe ich dir also einen Crash-Kurs darin, wie du die **Macht über dein eigenes Geld** behältst.

Davon abgesehen möchte ich mit diesem Werk auch ein allgemeines Bewusstsein dafür schaffen, wie das Konsumverhalten von jedem einzelnen von uns zur Entwicklung der Inflation beiträgt.

In den ersten Kapiteln beschäftigen wir uns vorwiegend mit der Frage, warum eigentlich alles immer teurer wird. Dieses grundsätzliche Verständnis ist wichtig dafür, dass wir uns in den weiteren Kapiteln damit befassen können, wie du auf die Teuerung am besten reagieren kannst. Dabei kannst du im Prinzip nichts verlieren, aber viel gewinnen: Wenn du auch nur einen einzigen Tipp aus diesem Buch nutzt, haben sich Kauf und Lesezeit für dich finanziell definitiv rentiert.

Also! Bist du bereit etwas wirklich Wertvolles für deine persönlichen Finanzen zu lernen? Ja? Sehr gut, dann legen wir los!

2. Gründe für die Teuerung

Bevor wir uns damit befassen, wie du zielgerichtet auf die Inflation reagieren kannst, klären wir doch erst einmal, was eigentlich ihre Ursache ist: Wodurch entsteht die Inflation? Ja, warum wird ständig alles teurer? Eine einfache und pauschale Antwort gibt es nicht. Die globale Weltwirtschaft ist sehr komplex und so gibt es zahlreiche Faktoren, die zur Entstehung einer Inflation beitragen. Allerdings ist es auch gar nicht notwendig, dass du alle Feinheiten in diesem System kennst. Damit du eine Vorstellung davon bekommst, wie die Teuerung zustande kommt, genügt es vollkommen, wenn wir das zugrundeliegende System grob umrissen betrachten.

Meist ist der Auslöser irgendein Faktor im System »Weltwirtschaft«, der im Preis anzieht – zum Beispiel aufgrund einer Verknappung. Je relevanter dieser Faktor ist, umso schneller und stärker spüren wir seine Auswirkungen.
Ein **relevanter Faktor** ist z.B. Treibstoff. Wird Öl teurer, so verteuert sich über kurz oder lang sehr vieles. Energie wird allgemein teurer, da auch ein Teil der Stromversorgung durch fossile Brennstoffe wie Öl, Gas und Kohle getragen wird.
Dadurch verteuern sich beispielsweise wiederum die Transporte, die sich auf sämtliche Handelspreise auswirken. Auch die Ernte wird für die Bauern teurer. Das sind gleich zwei Faktoren, die bei steigenden Ölpreisen tendenziell auch die Lebensmittelpreise ansteigen lassen.

So geht eines ins andere: Aufgrund der gestiegenen Lebenshaltungskosten fordern die Gewerkschaften Lohnerhöhungen. Das freut im Moment zwar die betroffenen Berufsgruppen, doch letztendlich führt es wieder dazu, dass die Wirtschaft die Preisschraube weiter aufdrehen muss, um trotz der gestiegenen Lohnkosten (und daraus resultierenden höheren Steuern und Abgaben) noch wirtschaftlich produzieren zu können.

Auch die Behörden sind mitverantwortlich: Sowohl indirekt, als auch direkt: Indirekt, wenn sie mit Gesetzen und Regelungen für eine Teuerung sorgen. Etwa, wenn sich für Unternehmen die Produktionsprozesse wesentlich verteuern, da sie plötzlich neue Auflagen erfüllen müssen. Dadurch können sich Produkte rasch verteuern.

Direkt tragen die Behörden zur Inflation bei, indem ein nennenswerter Teil der Umsätze (nein, ich meine nicht Gewinn ... ich spreche auch von den Steuern und Abgaben, die aus dem Umsatz zu zahlen sind), die Betriebe erwirtschaften, in Steuern und Abgaben fließen. In Hochsteuerländern wie Deutschland oder Österreich bedeutet das, dass Unternehmen relativ **hohe Preise** für vergleichsweise **wenig Gegenleistung** verlangen müssen, um diese Belastung tragen zu können.

Selbstredend begünstigen Behörden die Teuerung ebenso, wenn neue Steuern oder Abgaben eingeführt werden – so wie aktuell (2022) die »ökosoziale Steuerreform« in Österreich.

Schließlich sind die Behörden auch insofern Inflationsverursacher, wenn sie Geld drucken: Wird Geld gedruckt, vermehrt sich die Anzahl der Geldeinheiten – bei gleichbleibender Kaufkraft. Die Folge ist, dass die Kaufkraft pro Geldeinheit sinkt – das Geld wird also weniger wert. Dadurch kommt es zu einer Kaufkraftverschiebung (von Privatgeldern) hin zu den Behörden.

Drucken die Behörden im großen Stil Geld, kann das zu besonders starker Inflationsentwicklung, bzw. zu sehr hohen Inflationsraten führen.

Aber auch Unternehmen treiben die Inflation an, wenn sie versuchen mit weniger Leistung mehr Profit zu machen.

Wer kennt es nicht? Das neu eröffnete Restaurant: Sehr gute Küche, freundliche Bedienung und überraschend moderate Preise. So läuft das eine Zeit lang ... bis die Betreiber meinen, genug Stammkunden gewonnen zu haben. Dann klettern plötzlich die Preise und das Essen ist bald nicht mehr so gut wie früher. Statt der freundlichen Bedienung serviert nun eine demotivierte, mies bezahlte Arbeitskraft aus dem Ausland und die Betreiber sind selbst nur noch selten anzutreffen.

Ähnliches kann bei sämtlichen Neugründungen passieren. So beispielsweise bei Autowerkstätten. Anfangs wird sehr ordentlich gearbeitet, dein Auto wird bei Reparaturen sogar kostenlos innengereinigt und die Preise sind auch okay; ein paar Jahre später kosten Reparaturen sprichwörtlich ein Vermögen, wobei die Arbeiten stümperhaft ausgeführt werden und du froh sein musst, wenn nachher nichts kaputt ist, was vorher noch vollkommen in Ordnung war.

Dieser Effekt liegt wohl daran, dass die Inhaber nach einer anstrengenden Aufbauphase den Spieß umdrehen wollen: Sie wollen den Aufwand verringern und ihre Erträge vergrößern. Das ist zwar nachvollziehbar, doch es schadet eindeutig der Preisstabilität.

Doch nicht nur kleine Betriebe, sondern auch internationale Firmen bringen immer wieder Produkte auf den Markt, deren Produktionskosten den Verkaufspreis definitiv nicht rechtfertigen.

Generell treffen Teuerungen letztendlich immer den Endkunden. In vielen Fällen müssen sie weitergegeben werden, da ein Angebot sonst für den Anbieter unrentabel oder gar defizitär würde. Allerdings bedeutet diese Weitergabe natürlich auch, dass die Teuerung allgemein zunimmt. Wann immer jemand die Preisschraube weiter aufdreht, leistet er einen (meist verschwindend kleinen, aber vorhandenen) Beitrag zur Inflation.

3. Die wesentlichsten Teuerungsfaktoren

Für den Durchschnittsverdiener gibt es im Wesentlichen drei Faktoren, die Einfluss darauf haben, wie teuer unser alltägliches Leben ist: Nahrungsmittel, Energie und Wohnen.

Diese drei Punkte sind deshalb so wesentlich, da du sie ständig benötigst. Du isst und trinkst täglich, du verbrauchst an jedem Tag Energie und du musst irgendwo wohnen, wofür (falls du kein Wohnungseigentum hast) monatlich eine Miete fällig wird. Angenommen, dein nächster Urlaub oder dein neuer Fernseher wäre beispielsweise um 10% teurer, dann träfe dich das finanziell längst nicht so sehr wie bei Versorgungsgütern, die du täglich konsumierst.

Während das Leben in einigen Bereichen hauptsächlich deshalb immer teurer wird, weil sich unsere Standards verändern (dazu später noch mehr), können wir in den genannten Punkten von einer **tatsächlichen Teuerung** sprechen. Es ist unbestreitbar, dass Nahrungsmittel, Strom, Gas, Benzin und Mieten vor 20, 30 oder 40 Jahren deutlich weniger, wenn nicht einen Bruchteil von dem gekostet haben, was sie heute kosten.

Zwar müssen wir auch das gestiegene Lohnniveau berücksichtigen, was den enormen Preisanstieg in manchen Fällen wieder etwas relativiert. Dennoch sind es im Wesentlichen diese drei Faktoren, die dafür sorgen, dass dir dein Geld wie Sand durch die Finger rinnt.

Die wirklich interessante Frage lautet nun allerdings: Was kannst du tun, damit dich die Teuerung nicht so sehr trifft?

Tatsächlich gibt es Möglichkeiten, wie du dieser Entwicklung entgegenwirken kannst: Was Nahrungsmittel und Energie anbelangt, ist der **erste, wichtige Schritt**, dass du anfängst dein **Verbraucherverhalten** zu ändern.

Das bedeutet einerseits natürlich: Sparen. Allerdings nach Möglichkeit dort, wo es dir nicht wehtut! Beginnen kannst du, indem du dein Verbraucherverhalten beobachtest und anschließend hinterfragst: Wirfst du beispielsweise öfter Lebensmittel weg? Dann hast du bereits einen Punkt gefunden, an dem du unnötig Geld verbrennst. Oder gibt es Nahrungsmittel, die du aus Gewohnheit kaufst, die dir (bzw. deiner Familie) aber eigentlich gar nicht mehr schmecken? Oder hast du dir ohnehin vorgenommen die Kalorien zu reduzieren und bis jetzt noch nicht die richtige Motivation gefunden? Vielleicht hilft dir der Gedanke, dass du deiner Gesundheit **und** deinem Geldbeutel etwas Gutes tust, wenn du künftig z.B. weniger teure Naschereien einkaufst?

Diese Denkansätze dienen nur als Anregung. Wichtig ist, dass du dir potenziell vorhandenes verschwenderisches Verhalten in deinem Alltag bewusst machst. Sonst bezahlst du **teure Preise** für Dinge, die für dich in Wahrheit gar **keinen Nutzen** haben.

Dasselbe gilt natürlich auch für Energie. Auch hierbei ist es sinnvoll, das eigene Verbraucherverhalten genau unter die Lupe zu nehmen: Muss das Licht wirklich brennen, wenn niemand im Raum ist? Muss der Fernseher den ganzen Tag zur Beschallung im Haus laufen? Muss es im Winter wirklich 25 Grad im Wohnraum haben? Gibt es in deiner täglichen oder wöchentlichen Routine Autofahrten, die du einsparen kannst? Manchmal wirst du dich wundern wie viel du einfach aus Gewohnheit tust, ohne, dass eine tatsächliche Notwendigkeit besteht bzw. ohne, dass dir wirklich etwas fehlt, wenn du es wegrationalisierst.

Ein Überdenken deines Verbraucherverhaltens (und damit deiner Kaufgewohnheiten) muss aber nicht immer sparen, also Verzicht, bedeuten – fallweise kann es auch bedeuten, dass du künftig einfach zu dem weniger teuren Produkt mit der weniger attraktiven Verpackung greifst. Nicht immer sind teurere Artikel auch besser.

Natürlich ist es bequem, immer im gewohnten Supermarkt einzukaufen; immer zu den gewohnten Produkten zu greifen. Wenn aber ein Anbieter, bzw. einzelne Produkte immer teurer werden, ist es ratsam auf diese Bequemlichkeit zu verzichten und etwas anderes auszuprobieren.

Etwas Ähnliches ist übrigens auch bei der Energieversorgung möglich: So besteht etwa die Möglichkeit, den Stromanbieter zu wechseln. Dabei ist aber auch Vorsicht geboten: Einige Anbieter gewähren nämlich im ersten Jahr einen »Willkommens-Bonus«, der das Angebot günstiger wirken lässt. Im Endeffekt sind sie aber teurer als dein ursprünglicher Stromanbieter. Achte daher darauf einen Anbieter zu wählen, der auch wirklich (nachhaltig) günstiger ist.

Bei derartigen Veränderungen ist es wichtig, dass du nicht vorschnell handelst: Nicht jede Sparmaßnahme eignet sich, um der Teuerung auszuweichen. Wenn du beispielsweise wegen der steigenden Treibstoffpreise auf ein anderes Auto umsteigen möchtest, kann der Schuss auch nach hinten losgehen. Es ist nämlich nicht garantiert, dass sich die Anschaffung eines neuen Autos durch die Ersparnis an der Zapfsäule über die gesamte Nutzungsdauer amortisieren wird – im Normalfall lohnt sich ein Wechsel nur bei sehr hohen Jahresfahrleistungen.
Sollte bei dir aber ohnehin ein Neukauf anstehen, macht es natürlich schon Sinn, den Kauf eines leichteren Autos mit niedrigerem Kraftstoffverbrauch in Erwägung zu ziehen, falls das bei dir bisher noch nicht so sehr ein Kriterium beim Autokauf gewesen ist.

Wenn wir schon von längerfristigen Entscheidungen sprechen: Beim Thema »Wohnen« sieht die Sache etwas anders aus. In diesem Punkt trifft dich die Teuerung insbesondere, wenn du auf Miete wohnst.
Nun gibt es für Mieter diverse Möglichkeiten zur Effizienzsteigerung, wie etwa die Entscheidung zu einer kleineren Wohnung oder das Teilen von Wohnraum in Form einer Wohngemeinschaft (was sicherlich nicht jedermanns Sache ist). Die wesentliche Frage im Hinblick auf die Teuerung ist jedoch, ob du eine Möglichkeit siehst, dir Wohnungseigentum zu schaffen.
Was Immobilien anbelangt, werden die Preise in absehbarer Zukunft wohl immer weiter steigen. Diese Entwicklung trifft dich – falls du nicht schon Immobilien-Eigentümer bist – in jedem Fall: Ganz gleich, ob du

dir ein Haus kaufen, mieten, bzw. eine Wohnung kaufen oder mieten willst – du spürst die Teuerung, entweder beim Kauf, oder bei der steigenden Miete!

Der Grund für diese Marktentwicklung ist, dass die Nachfrage deutlich höher ist als das Angebot. Einerseits steigt die Bevölkerung, andererseits auch die Tendenz zu Single-Haushalten. Dementsprechend gibt es eine steigende Nachfrage nach Wohnraum. Eine **dringende Nachfrage**, denn jeder Mensch muss schließlich irgendwo wohnen.

Demgegenüber steht die Tatsache, dass nicht grenzenlos viel Land für Wohnraum zur Verfügung steht. In Deutschland und Österreich etwa hat die Verbauung vielerorts schon bedenkliche Ausmaße angenommen. Ein steigendes Umweltbewusstsein bremst zudem die Bereitschaft, weiteres Land in Bauland umzuwidmen.

Die Folge ist, dass das Angebot nicht mithalten kann und Immobilien sehr schnell immer teurer werden. Vor allem in Ballungsgebieten steigen die Preise rasant. Ist eine Gegend attraktiv, weil es eine gute Infrastruktur und viele Arbeitsplätze gibt, sind die Preise für Wohnraum besonders hoch.

Angesichts der starken Nachfrage hat es auch wenig Sinn zu versuchen, die Mieten zu deckeln oder die Spekulation mit Immobilien zu verhindern. Damit könnte das Problem der kontinuierlich steigenden Nachfrage nur kurzfristig kaschiert, nicht jedoch langfristig gelöst werden.

Die Wohnraum-Frage wird in Zukunft wohl zusehends zu einem Chaos … wobei der einzige Weg, diesem Chaos einigermaßen zu entgehen, darin besteht, dir rechtzeitig Eigentum zu schaffen. Wenn dir etwas gehört, auch wenn es nur eine kleine Wohnung ist, bist du unabhängig. Wohnst du auf Miete, musst du auf ständig steigende Mietpreise gefasst sein. Wenn du eine Wohnung kaufst (finanzierst), wird der Kredit irgendwann abbezahlt sein … eine Miete hingegen ist niemals abbezahlt.

Schließlich gibt es noch einen 4. wesentlichen Punkt, der maßgeblich zur Teuerung beiträgt. Ein Aspekt, auf den wir unmittelbar zwar wenig Einfluss haben, der jedoch keinesfalls in dieser Auflistung fehlen darf, sind (wie im vorigen Kapitel schon erwähnt) die Behörden.

Der sogenannte »**Tax Freedom Day**« fiel in Österreich im Jahr 2021 auf den 8. August. Das bedeutet, dass du rein rechnerisch bis zu diesem Tag **nur für die Behörden** gearbeitet hast. Natürlich hast du Monat für Monat dein Gehalt ausbezahlt bekommen … doch auf das ganze Jahr gerechnet, mit allen Lohnnebenkosten (die du schließlich auch mit deiner Arbeitsleistung **verdienen musst**), hast du trotzdem knapp 2/3 des Jahres nur für die Behörden Geld erwirtschaftet.

Wenn wir von allgemeiner Teuerung sprechen, darf der Punkt »Steuern und Abgaben« daher definitiv nicht fehlen. Auch wenn wir im ersten Moment kaum etwas dagegen tun können, ist es dennoch wichtig, ein Bewusstsein dafür zu haben, wie viel Geld uns die öffentliche Verwaltung tatsächlich kostet. Denn nur wenn das ausreichend vielen Leuten wirklich bewusst ist, kann der notwendige politische Druck entstehen, dass die Behörden sparsamer mit unserem Steuergeld umgehen und bei Geldknappheit nicht einfach neue Abgaben oder Steuern beschließen – bzw. Geld drucken und damit die Inflation erst recht antreiben.

Auf den ersten Blick könnte man meinen, dass unter allen Steuerzahlern Einigkeit darüber herrschen würde, dass die Behörden mit unserem Steuergeld so sparsam wie möglich umzugehen hätten. In der Praxis sieht die Sache aber anders aus: Tatsächlich gibt es recht vielfältige Forderungen aus der Bevölkerung, in welche Bereiche die Behörden mehr Geld fließen lassen sollten. So kommt es auch gerne vor, dass sich Politiker, Parteien und Koalitionen damit brüsten, wenn sie eine große Summe Geld für einen bestimmten Zweck beschließen. Viele Bürger beklatschen dann, dass »die Politiker etwas für die Leute tun.«

Doch von wem kommt das Geld? Ganz richtig, vom Steuerzahler! Von uns! Wenn wir nicht wollen, dass unser Leben immer teurer wird, wäre eher folgende Entwicklung wünschenswert: Nur so viel Verwaltungsaufwand wie tatsächlich notwendig und deutlich weniger Finanzierung durch die öffentliche Hand. Im Endeffekt müsste das System auch weit nicht so viel subventionieren, würde es von vorn herein mehr Geld bei den Leuten lassen.

Ein wesentlicher Verursacher der Teuerung sind die Behörden ebenso, weil sie kontinuierlich **neue Standards** einführen, die das alltägliche Leben verteuern (mehr dazu in Kapitel 6). Dagegen kannst du zwar ebenso wenig tun – allerdings kommen solche Neuerungen häufig deshalb, weil ausreichend Stimmen aus der Bevölkerung sie fordern.

Es braucht beispielsweise nur ein Verkehrsunfall passieren (und medial thematisiert werden), da schreien viele Leute schon nach zusätzlichen Regeln, wie z.b. diversen Assistenzsystemen, deren verpflichtenden Einbau in neue Autos sie sich wünschen. Reagiert die Politik auf derartige Forderungen, dann müssen die Autohersteller diese Assistenzsysteme einbauen – ob der Kunde sie nun haben will, oder nicht. Die Mehrkosten müssen die Hersteller natürlich weitergeben. Die Folge ist, dass die Preise für Neuwagen steigen.

Wie anhand von diesem Beispiel zu erkennen ist, macht es durchaus Sinn darauf zu achten, nicht selbst Teil der kollektiven Stimme zu sein, die ständig nach neuen Auflagen, Regeln und Verkomplizierungen schreit. Das Signal »Bitte, macht das Leben doch wieder ein bisschen komplizierter und teurer« kommt in vielen Fällen tatsächlich von uns Steuerzahlern selbst.

4. Konsumkontrolle

Nun haben wir einige wesentliche Gründe für die allgemeine Teuerung besprochen. Die Frage lautet aber: Was kannst du tun, damit sie dich nicht so sehr trifft? Was können wir alle tun, damit die Teuerung nicht immer absurdere Ausmaße annimmt?

Ein sehr sinnvolles (wenn nicht das sinnvollste) Mittel, auf steigende Preise zu reagieren, ist die Konsumkontrolle. Das bedeutet, den eigenen Konsum genau im Blick zu behalten und, wenn erforderlich, das eigene Verbraucherverhalten hinsichtlich neuer Marktsituationen zu adaptieren (wie im Vorkapitel bereits angesprochen).

Den Markt regulieren **Angebot und Nachfrage**: Würde eine große Mehrheit (der Nachfrage) auf Teuerungen mit verringertem Konsum reagieren, so würden die Preise in vielen Fällen rasch wieder sinken.

Das große Problem bei der Sache ist, dass viele moderne Westeuropäer heute tendenziell nicht dazu bereit sind auf etwas zu verzichten. Dadurch entsteht allerdings folgende bedenkliche, jedoch alltägliche Situation: Die Märkte verlangen astronomische Summen für die Waren und die Kunden laufen ihnen trotzdem förmlich die Türen ein.

Ein Paradebeispiel dafür ist das Tanken: Die Leute jammern wegen der hohen Treibstoffpreise, doch vor den Tankstellen bilden sich Autoschlangen. Bei derart viel Nachfrage ist es absolut kein Wunder, wenn die Preise tendenziell steigen.

Bei den Kraftstoffen kommt noch der Effekt hinzu, dass der Großteil des Preises in Form von Mineralölsteuer und Mehrwertsteuer an den Staat geht. Eine ideale Einnahmequelle also für die Finanz – denn die Leute kaufen in Scharen, ganz gleich wie teuer der Liter Kraftstoff auch sein mag.

»Was bleibt mir denn anderes übrig?«, lautet für gewöhnlich der Kommentar, wenn ich dieses Kaufverhalten anspreche – und genau da liegt auch das Problem: Das **Gefühl von Abhängigkeit!**

Warum wohl ist die Teuerung ausgerechnet in den Bereichen Nahrungsmittel, Energie und Wohnen so überproportional stark zu spüren? Ganz einfach, weil sich die Nachfrage hier in einer Abhängigkeit sieht! Der Bedarf ist gigantisch und wächst kontinuierlich. In unseren Breiten wird sich um eine entsprechende Versorgung gekümmert, doch die hat eben ihren Preis.

So weit, so klar. Aber was bleibt dir dann schon über als die Preisentwicklung zähneknirschend hinzunehmen? Du bist schließlich abhängig von einer Grundversorgung.

Der Punkt, an dem du aus dieser scheinbar ausweglosen Situation ausbrechen kannst, ist die genaue Analyse deiner Abhängigkeit. Wie abhängig bist du persönlich tatsächlich? Wie viel Grundversorgung brauchst du wirklich, um zu leben? Wie viel Grundversorgung brauchst du wirklich, damit dir nichts Wichtiges fehlt? Wenn du diese Punkte genau unter die Lupe nimmst, wirst du feststellen, dass du in dieser Konstellation lange nicht so machtlos bist, wie es auf den ersten Blick scheint!

Fangen wir einmal bei den Nahrungsmitteln an: Wie viele Essen und Getränke **brauchst** du wirklich? Wie viel davon ist eigentlich nur Luxus? Luxus, den du dir natürlich **gerne gönnen darfst**, von dem du aber definitiv nicht abhängig bist. Hier hast du sehr wohl einigen Spielraum, um auf Preissteigerungen zu reagieren.

Davon abgesehen gibt es bei Lebensmitteln ein sehr großes Angebot. Du bist nicht darauf angewiesen, ein bestimmtes Produkt zu kaufen … und du bist auch nicht darauf angewiesen, bei einem bestimmten Händler zu kaufen. Es steht also sehr wohl in deiner Macht, auf die Preissteigerung eines bestimmten Produktes zu reagieren. Entweder, du kaufst es seltener (was etwa bei vielen Genussmitteln auch aus gesundheitlichen Gründen oft gar keine schlechte Idee ist) oder du steigst auf ein preiswerteres Produkt um. Tatsächlich machen sich sehr viele Konsumenten eher aus **Bequemlichkeit** abhängig von der Teuerung, als dass sie aufgrund einer **Notwendigkeit** tatsächlich davon abhängig wären.

Wichtig ist, dass du auch bei Lebensmitteln das **Preis-Leistungs-Verhältnis** im Auge behältst: Was kostet dich ein bestimmtes Produkt (an Arbeitsleistung und Zeit) und wie viel Nutzen hat es für dich (für dein Wohlbefinden) wirklich?

Es gibt beispielsweise Nahrungsmittel, bzw. Genussmittel, die mir gut schmecken. Ab einem gewissen Preis schmecken sie mir allerdings nicht mehr. Natürlich wären sie geschmacklich nach wie vor gut, aber in Summe stellen sie für mein Wohlbefinden keine Bereicherung mehr dar. Ab einem bestimmten Preisniveau kostet mich der Aufwand, das Geld zu verdienen, nämlich mehr Lebensfreude als dieses Produkt mir Lebensfreude gibt. Die Folge ist, dass ich entweder auf ein anderes Produkt umsteige, oder das Produkt wesentlich seltener kaufe. Auf diese Weise schaffe ich es bisweilen, meine monatlichen Haushaltsausgaben seit Jahren nahezu konstant zu halten.

Wenn du also anfängst deinen Konsum zu kontrollieren, erzielst du den Effekt, dass **du persönlich** mit deinem Geld trotz steigender Preise deutlich besser auskommst. Doch es gibt noch einen weiteren guten Grund dafür, auf Preissteigerungen entsprechend zu reagieren – nämlich den allgemeinen Einfluss auf die Teuerung!

Wird ein bestimmtes Produkt verteuert, gibt es zwei Möglichkeiten: Entweder, es wird (wie üblich) weiterhin gekauft – dann haben die Konsumenten die Preissteigerung akzeptiert. In diesem Fall wird es ab sofort eben für mehr Geld gekauft, bis es nach einiger Zeit abermals teurer wird.

Die andere Möglichkeit ist, auf Preissteigerungen mit Reduktion oder Verzicht zu reagieren. Würden **genug** Kunden den Kauf eines Produktes aufgrund seiner Verteuerung einschränken oder ganz darauf verzichten, müssten die Hersteller reagieren – dann würde ihnen klar die Botschaft vermittelt, dass sie ihr Produkt zu dem neuen, höheren Preis nicht mehr (in gewohnter Menge) absetzen können. Bekommen sie dieses Signal nicht, **gilt der neue Preis als akzeptiert** und zudem sind weiteren Preiserhöhungen Tor und Angel geöffnet! Insofern leistest du mit deiner Konsumkontrolle also auch einen kleinen, jedoch wichtigen Beitrag dazu, die Teuerung insgesamt abzuschwächen.

Das betrifft natürlich nicht nur Lebensmittel, bzw. Haushaltsartikel. Auch was das Thema Energie anbelangt, ist Konsumkontrolle sinnvoll. Kommen wir dazu erneut auf unser Beispiel mit den Treibstoffpreisen zurück: Auf den ersten Blick wirkt es, als wären wir vom Auto abhängig und damit den Preisen an der Zapfsäule hilflos ausgeliefert. Doch ganz so abhängig, wie wir tun, sind wir nicht. Natürlich ist es (jedenfalls auf dem Land) gar nicht so einfach, ohne Auto auszukommen. Vor allem ist es **nicht bequem**, auf ein eigenes Auto zu verzichten. Doch ein kompletter Verzicht ist auch gar nicht notwendig: Es würde in vielen Fällen bereits vollkommen ausreichen, das Auto **gezielter** einzusetzen und sich selbst nicht derart davon **abhängig zu machen**. Denn einmal ehrlich: Sehr viele Fahrten wären vermeidbar. Muss man wirklich gleich zum Supermarkt fahren, nur weil gerade die Milch ausgegangen ist? Genügt es nicht morgen, am Heimweg von der Arbeit welche zu kaufen? Muss man den Junior wirklich zum Fußballtraining führen und auch wieder abholen? Das sind **vier Fahrten** mit dem spritfressenden Auto für eine Strecke, die junge Beine in vielen Fällen leicht zu Fuß oder mit dem Fahrrad bewältigen könnten. Ja überhaupt – muss man wirklich **tagtäglich** so viel unterwegs sein? Wenn du der Meinung bist, dass du **mehrmals** täglich ins Auto steigen musst, dann treffen dich Preiserhöhungen an der Zapfsäule mit voller Härte. Doch je gezielter du das Auto nutzt, umso weniger relevant ist es für deine Brieftasche, ob ein Liter Kraftstoff nun 1.20€, 1.50€ oder 1.80€ kostet.

Genauso verhält es sich in vielen anderen Bereichen auch: Je mehr Produkte und Dienstleistungen es in deinem Alltag gibt, die du kaufst, **egal was sie kosten**, umso abhängiger bist du – je mehr Dinge es gibt, bei denen du bereit bist im Fall einer Teuerung zu reduzieren, umso besser kommst du mit deinem Geld aus – und umso weniger kann dir die allgemeine Teuerung anhaben.

An diesem Punkt stoßen wir allerdings gegen ein erhebliches Problem: Bei Begriffen wie »Reduktion« oder gar »Verzicht« sehen viele Leute sofort rot. Sie empfinden die Vorstellung, weniger zu konsumieren, als einen Angriff auf ihren Lebensstandard. Als einen Rückschritt. Als eine Beraubung. Als etwas, das sie nicht notwendig hätten.
Somit kommen an diesem Punkt gerne Killer-Aussagen wie *»ICH kann/will/werde ganz bestimmt auf nichts verzichten«* oder *»Pfeif drauf was es kostet – das muss es dir halt wert sein.«*
Wenn viele Leute so denken, ist es jedoch absolut kein Wunder, dass die Preise in sämtlichen Bereichen ständig steigen. Eine Nachfrage, die nicht verzichten **kann** (bzw. glaubt es nicht zu können), ist ein Freibrief für das Angebot, die Preise sukzessive anzuheben.
Viele Menschen blocken beim Thema »Konsumkontrolle« häufig ab, weil sie darin eine Verschlechterung ihrer Lebensqualität sehen. Doch das **Gegenteil** ist der Fall: Eine Verschlechterung deiner finanziellen Verhältnisse (und mittel- bis langfristig deiner Lebensqualität) tritt eher dann ein, wenn du immer **höhere Preise** für **dieselben Produkte** bezahlst!

Ich kann verstehen, dass es bequemer ist, alles beim Gewohnten zu belassen. Allerdings kann das zur Folge haben, dass die Teuerung munter so weitergehen und gegebenenfalls noch viel stärker an Fahrt aufnehmen wird.
Wenn du nicht dazu bereit bist – wenn wir alle nicht dazu bereit sind – deinen/unseren Konsum im Bedarfsfall (etwa bei akut ansteigenden Produktpreisen) zu kontrollieren, wie kannst du – wie können wir – dann erwarten, dass sich etwas in deinem – in unserem – Sinn verbessern wird?
Unser Konsumverhalten ist ein wesentliches Mittel, mit dem wir als Konsumenten die Preisentwicklung am Markt beeinflussen können.

Letztendlich soll Konsumkontrolle auch gar nicht bedeuten, dass du auf sämtliches verzichten sollst, was dir Freude macht! Das ganz bestimmt nicht. Es bedeutet auch nicht, dass du einfach nur so wenig wie möglich kaufen sollst. Tatsächlich geht es nur darum, dein eigenes Konsumverhalten objektiv im Blick zu behalten und gegebenenfalls in einzelnen Punkten an der aktuellen Marktsituation zu orientieren.

Du sollst dich eigentlich so wenig wie möglich selbst einschränken. Die Idee ist vielmehr, dein Geld **gezielter** zu investieren. Ja, ganz genau: **Investieren!** Denn im Endeffekt ist jeder deiner Käufe eine Investition (in deinen Lebensstandard). Konsumkontrolle bedeutet also deine bewusste Investition in Produkte, die für dich persönlich das beste Preis-Leistungs-Verhältnis haben.

5. Wer bestimmt, wie viel dein Geld wert ist?

Die ständige Teuerung gerade in Bereichen der Grundversorgung (vgl. Kapitel 9) kann dir schonmal das Gefühl geben, dass du den Preisen machtlos ausgeliefert bist. Denn, was kannst du schon tun, wenn alles einfach immer teurer und dein Geld damit immer **wertloser** wird?

Natürlich kannst du allein nichts an den steigenden Marktpreisen ändern. Doch das bedeutet nicht, dass du der Geldentwertung einfach nur hilflos zusehen musst. Denn der Markt wird von Angebot und Nachfrage bestimmt – als Teil der Nachfrage hast du somit auch ein Wörtchen mitzureden.

Es ist schließlich nicht so, als wäre die Entwicklung des Geldwerts unumstößlich. Geld ist eine fiktive, menschengemachte Größe. Das bedeutet im Klartext: Geld hat letztendlich immer den Wert, den wir ihm geben.

Wenn du zum Beispiel bereit bist 1.50€ oder 1.60€ für eine Kugel Eis zu bezahlen, dann ist eine Kugel Eis auch 1.50€ oder 1.60€ wert. Wenn du – und sehr viele andere ebenso – nicht mehr bereit sind diesen Preis zu bezahlen, dann wird er sich auch wieder verringern.

So verhält es sich mit sämtlichen Waren und Dienstleistungen: Sie kosten maximal das, was du (bzw. ein anderer) zu zahlen bereit (b)ist! Ruft der Anbieter nämlich einen höheren Preis auf, kommt kein Kauf zustande. Erst wenn der Anbieter jemanden gefunden hat, der bereit ist den geforderten Preis zu bezahlen, ist die angebotene Ware oder Dienstleistung auch tatsächlich den geforderten Preis wert.

Ein Beispiel zum besseren Verständnis: Ich bin im Internet häufig in Oldtimergruppen unterwegs – dort wird, wenn jemand sein Auto verkaufen will, immer wieder gerne die Frage gestellt: *»Was würdet ihr sagen, ist der Wagen wert?«*

Eine häufige (für den Fragesteller zwar wenig hilfreiche, jedoch sehr treffende) Antwort lautet wie folgt: *»Er ist immer das wert was jemand bereit ist dafür zu bezahlen.«*

Dieser Satz bringt es auf den Punkt, wie maßgeblich die Nachfrage für die Preisgestaltung ist. Doch was bedeutet das für dich in der Praxis? Als Einzelperson repräsentierst du schließlich nur einen meist verschwindend geringen Teil der Nachfrage – und für einen Effekt auf die Preisgestaltung wäre schon ein »kollektiver Preisboykott« vonnöten. Die Marktpreise beginnen natürlich nicht gleich zu sinken, nur weil du beschließt: *»Mir sind die Preise zu hoch!«*

Dennoch bist du in deiner Position nicht machtlos! Der interessante Punkt ist in diesem Fall nämlich, wie viel **dir** eine Ware oder eine Dienstleistung wert ist. Wenn du darüber Klarheit entwickelst – und zudem die Bereitschaft hast, einen Kauf gegebenenfalls auch **nicht zustande kommen** zu lassen – gewinnst du durchaus einen gewissen Einfluss auf deine Kaufkraft.

Bist du andersherum bereit jeden Preis zu zahlen, nur um bloß auf nichts zu verzichten, dann beeinflusst das deine Kaufkraft ebenfalls – und zwar negativ. Auf diese Weise wirst du dein Geld nämlich rasch los … und bekommst verhältnismäßig wenig Gegenwert dafür.

Achtest du allerdings darauf, dass du für dein Geld auch etwas bekommst, sieht die Sache schon anders aus. Ich rede gar nicht davon, dass du ständig auf Schnäppchenjagd gehen sollst. Es ist vollkommen okay, wenn du gegebenenfalls auch viel für etwas bezahlst – wenn es **dir persönlich** das Geld **wirklich** wert ist.

Das führt uns (wiederum) vor Augen, wie wichtig es ist, dass du dich gewissenhaft mit der Frage auseinandersetzt, was dir **wirklich** wichtig ist und was du wirklich willst.

Du kannst natürlich einen Konsumverzicht versuchen, der dir wehtut … also strikt reduzieren und auf alles verzichten, was nicht unbedingt lebensnotwendig ist; auch auf Dinge, die dir guttun und die dir wichtig sind. Das schadet aber erstens deiner Lebensqualität – und zweitens wirst du diese Maßnahme wahrscheinlich nicht lange durchhalten. Wenn du dich mit dieser Frage allerdings näher beschäftigst, wirst du auf Dinge stoßen, die möglicherweise ganz nett, bzw. auf den ersten Blick sehr verlockend sind, aber für dich eigentlich kaum Bedeutung haben. Genau das ist ein Punkt, an dem du anfangen kannst den Sparstift anzusetzen – ganz ohne, dass der Verzicht schmerzhaft für dich wird.

Was das für Dinge sind, lässt sich übrigens nicht pauschal festsetzen – denn Geldwert ist eben nicht gleich Geldwert. Jeder gibt seinem Geld einen anderen Wert: Einem Menschen, der sehr leicht sehr viel Geld verdient, tut es nicht weh etwas zu kaufen, das aus Durchschnittsverdiener-Sicht vollkommen überzahlt ist. Wenn er Freude daran hat und dafür lediglich etwas hergibt, das er ja ohnehin schnell und einfach in großen Mengen bekommt (also Geld), dann macht er für seine persönliche Lebensqualität kein schlechtes Geschäft.

Wenn jemand, der sich in dieser Position befindet, z.B. eine bestimmte Immobilie unbedingt haben möchte, macht es (ihm persönlich) auch nichts, wenn er die Liegenschaft deutlich über dem Marktpreis kauft – weil es ihn im Endeffekt nicht viel Aufwand (in Form von Zeit und Energie) kostet. Sein Geld hat damit potenziell einen geringen Wert.

Was bedeutet das? Ganz einfach: Der Wert deines Geldes ist nicht nur (d)eine persönliche Entscheidung – dein Geld ist vor allem auch immer das wert, was du dafür **geopfert** hast. Daher ist für dich sinnvoll darauf zu achten, dass du es nicht für Dinge ausgibst, deren **Nutzen** (für dich persönlich) in keiner Relation zu dem **Aufwand** steht, den du hattest, um es dir zu verdienen.

Ein Beispiel zur Veranschaulichung: Der hohe Preis eines edlen, handgefertigten Möbelstücks kann durchaus gerechtfertigt sein, wenn man die Kosten für die exquisiten Materialien und natürlich die vielen Arbeitsstunden bedenkt, die seine aufwändige Fertigung in Anspruch genommen haben. Die Frage ist aber: Was bringt dieses Möbelstück dir persönlich? Haben die Qualität und die Exklusivität für dich einen

entsprechend hohen Stellenwert, sodass du bereit bist dafür einen sehr hohen Preis zu bezahlen?
Am besten du stellst deinen Arbeitsaufwand dem zu erwartenden Nutzen gegenüber: Wie viel Aufwand hat es dich gekostet, den geforderten Preis zu erwirtschaften – auf der einen Seite; auf der anderen Seite die Frage: Welchen Mehrwert bietet dir das Stück tatsächlich?

Der Preis einer Ware macht also noch keinen Wert – dieser ergibt sich erst durch die »Zustimmung« der Nachfrage. Das bedeutet, dass du mit deinem Kaufverhalten (also der Entscheidung für oder gegen einen Kauf) auch einen Einfluss darauf hast, wie sehr die Teuerung dich wirklich betrifft.
Es gibt beispielsweise viele Dinge, die teuer sind, an denen ich jedoch kein Interesse habe. Obwohl das Angebot durchaus andere Abnehmer findet – mir persönlich sind Dinge, die mich nicht interessieren, eben 0 Euro wert. Ich kaufe sie nicht. Damit trifft die Teuerung in all diesen Fällen **mein Geld** auch nicht.

Du allein kannst zwar nichts dagegen tun, dass die Marktpreise steigen – du hast aber sehr wohl einen Einfluss darauf, wie viel du persönlich für dein Geld bekommst … also letztendlich auf deine Kaufkraft. Zwar kannst du die tatsächliche Inflationsrate nicht (unmittelbar) senken, jedoch sehr wohl deine **persönliche Inflationsrate** – also die Teuerung, die dich im Endeffekt wirklich trifft.

Würden nun sehr viele Menschen lernen so zu denken, könnte sogar einem allzu großen Kaufkraftverlust entgegengewirkt werden. Denn wo keine Bereitschaft existiert, mehr zu zahlen, dort gibt es auch keinen Nährboden für spürbare Preissteigerungen.

6. Komplexität

Manchmal gibt es angenehme Illusionen und unangenehme Wahrheiten. So auch bei der Inflation.

Die angenehme Illusion ist, dass unser hoher Lebensstandard problemlos leistbar sein müsste und die bösen Unternehmen uns einfach nur schamlos in die Tasche greifen. Dass beispielsweise der Heizungstechniker die neue Heizung doch genauso gut für einen Bruchteil der Summe installieren könnte – und das, was er verlangt, ein unverschämter Wucherpreis ist.

Die unangenehme Wahrheit ist, dass das so nicht ganz stimmt. Tatsächlich ist unser Leben in den vergangenen Jahrzehnten zusehends **komplexer** geworden – und diese Komplexität kostet!
Was verstand man 1950 unter einer modernen Heizung? Einen Ölbrenner und ein Abgasrohr aus Blech, das in den gemauerten Schornstein einmündet. Bei den heutigen Vorschriften (und Ansprüchen) ist das jedoch undenkbar. Ein modernes Heizsystem ist eine komplexe Apparatur. Auch an die Anschlüsse gibt es ganz andere Anforderungen: Der Rauchabzug beispielsweise muss schon aus teurem Edelstahl bestehen.
Dieses Phänomen begegnet uns überall: Noch vor ein paar Jahrzehnten waren beispielsweise Autos viel einfacher gebaut. Jeder halbwegs fähige Bastler konnte das eigene Auto selbst in Schuss halten und es war auch nicht viel daran verbaut, das kaputt werden konnte. Moderne Autos sind ein Fall für Spezialisten und vollgestopft mit Extras, die in den ersten Jahren zwar meist zuverlässig funktionieren, aber mit einem gewissen Alter der Reihe nach ausfallen. Reparaturen können einen Normalverdiener schnell in finanzielle Bedrängnis bringen.
Computer? Vor ein paar Jahrzehnten gab es so etwas in Privathaushalten noch gar nicht. Heute braucht man alle paar Jahre einen neuen Laptop, ein Tablet, ein Smartphone, und so weiter.

Es gibt heute einerseits mehr Faktoren, die ein Haushalt bestreiten muss, andererseits sind die meisten dieser Faktoren technisch sehr viel aufwändiger und damit logischerweise teurer geworden. Diese Steigerung der Komplexität ist der Hauptgrund dafür, dass unser alltägliches Leben so teuer geworden ist, dass wir es uns als Durchschnittsverdiener eigentlich kaum noch leisten können.

Wenn du besser mit dem hohen Preisniveau zurechtkommen möchtest, ist es zuerst einmal wichtig, dass du das auch wirklich verstehst. Du musst wissen, dass das System nicht funktionieren kann, wenn Durchschnittsverdiener (also die große Mehrheit) nach Herzenslust bestellen, einkaufen und Arbeiten an Firmen delegieren können. Dazu ein Gedankenexperiment: Angenommen, du verdienst im Monat 2.000 Euro und könntest plötzlich für einen Bruchteil der aktuellen Preise einkaufen. Tanken für 50 Cent pro Liter, eine Pizza beim Pizzabäcker für 2 Euro, ein brandneues Smartphone für 100 Euro, eine neue Wohnzimmerausstattung für 500 Euro, ein neues Heizsystem für 1.000 Euro und so weiter. Das wäre im ersten Moment natürlich traumhaft. Dann könntest du dir ja viel mehr leisten ... zumindest auf den ersten Blick. Die Realität sieht allerdings etwas anders aus: Die Wirtschaft ist ein Kreislauf. Wenn du für alles so wenig bezahlst, würde das bedeuten, dass auch dein Arbeitgeber auf diesem niedrigen Preisniveau arbeiten müsste. Die Folge wäre, dass du bald auch keine 2.000 Euro mehr im Monat bekommen würdest. Eher würde dein Monatseinkommen bei diesem Preisniveau grob geschätzt bei 300 – 500 Euro pro Monat liegen.

Für die Beurteilung, ob etwas teuer ist oder nicht, ist der Geldbetrag eigentlich irrelevant. Interessanter ist, wie viel Prozent deines Monatseinkommens du dafür aufwenden musst. Wenn du bei 2.000 Euro Monatsgehalt im Supermarkt ein Getränk für 2 Euro kaufst, bezahlst du für das Getränk mit 0,1% deines Monatsbudgets. Würde das Getränk plötzlich nur noch 50 Cent kosten, du jedoch auch nur noch 500 Euro im Monat verdienen, würdest du immer noch mit 0,1% deines Monatsgehaltes bezahlen. Es würde sich unterm Strich also nichts verändern.

Insofern liegt der Eindruck, dass alles teurer wird und du dir das Leben eigentlich kaum noch leisten kannst, tatsächlich nicht (nur) an der Inflation, sondern (auch) an den stark gestiegenen Anforderungen. Die Inflation hat, sofern das Lohnniveau an die Teuerung angeglichen wird, genau genommen keinen, bzw. kaum einen Einfluss darauf. Lediglich dann, wenn die Teuerung deutlich stärker steigt als das Lohnniveau (was insbesondere bei einzelnen Produktgruppen passieren kann), hat sie einen tatsächlichen Einfluss darauf, dass das Leben immer teurer wird.

Alles schön und gut. Aber was hat das jetzt zu bedeuten? Bedeutet es, dass du eigentlich nichts tun kannst? Dass du das hohe Preisniveau einfach akzeptieren musst?

Keine Sorge, du kannst sehr wohl etwas tun! Du kannst zum Beispiel damit anfangen weniger in Euro-Beträgen und dafür stärker in Prozent deines Einkommens zu denken (bzw. als wahrer Meister denkst du in Arbeitsaufwand). Das hilft dir dabei besser beurteilen zu können, wie teuer etwas **für dich persönlich** wirklich ist.

Der nächste Schritt besteht darin, Nein sagen zu lernen. Schließlich stehst du praktisch täglich vor der Entscheidung: Kaufen oder nicht kaufen? Viele Menschen erkennen hier aber gar keine Entscheidungsmöglichkeit mehr und kaufen (ein bestimmtes Produkt) grundsätzlich, obwohl sie es als unverschämt teuer empfinden. Genau an diesem Punkt kannst du einen maßgeblichen Unterschied machen!

Das betrifft sowohl alltägliche Artikel, wie Nahrungsmittel oder Haushaltsartikel, als auch große, nicht alltägliche Anschaffungen. Als Beispiel für einen alltäglichen Artikel nenne ich etwa Duschgel. Ich habe einige Jahre das Duschgel einer bestimmten Marke verwendet, bis es mir schlichtweg zu teuer wurde: 4 Euro pro Flasche. Also habe ich ein anderes Produkt versucht, das bei gleichem Inhalt weniger als die Hälfte kostet ... und den Zweck genauso erfüllt. Also kaufe ich seither das günstigere Produkt.

Genauso – oder beinahe noch besser – funktioniert es bei großen, nicht alltäglichen Anschaffungen: Eine neue Fassade für das Haus, oder eine neue Heizung; ein neues Badezimmer, oder was auch immer.
Solche Anschaffungen kosten viel Geld und wollen wohlüberlegt sein. Ein Jahresgehalt ist hier schnell ausgegeben. Doch gerade in so einem Fall lohnt es sich, mehrere Angebote einzuholen. Die Unterschiede sind oft bemerkenswert. Bei der Wärmedämmung meines Hauses beispielsweise betrug die Differenz zwischen dem besten und dem schlechtesten Angebot etwa 4.000 Euro. Geld, das vergeudet gewesen wäre, hätte ich gleich dem ersten Anbieter den Auftrag erteilt.

Allerdings geht es nicht immer nur darum jemanden zu finden, der es **billiger** macht. Qualität kostet eben. Die Frage ist nur, wie viel Qualität – und vor allem auch wie viel Komplexität – du wirklich brauchst.
Dazu ein weiteres Beispiel: Als ich meine Küche gekauft habe, hatte ich ursprünglich ein Angebot über etwa 10.000 Euro erhalten. An diesem Punkt hätte ich natürlich einfach den Kaufvertrag unterschreiben können. Viele Leute hätten das wahrscheinlich auch getan – ich nicht! Der Preis war mir definitiv zu hoch. Also habe ich den Händler darauf hingewiesen, dass ich die Küche zu diesen Konditionen ganz bestimmt nicht kaufen werde. Natürlich wollte er trotzdem einen Kauf abschließen, also ist er mit mir sämtliche Einzelposten des Angebots durchgegangen … und so habe ich festgestellt, dass das Angebot beispielsweise viele integrierte Geräte enthielt, die ich eigentlich nicht brauche. Ich habe alles aus dem Angebot entfernen lassen, was ich nicht wirklich haben wollte. Im Endeffekt habe ich die Küche für 3.500 Euro gekauft.

Bei diesem Kauf habe ich gar nicht großartig viel billiger bekommen. Aber ich habe darauf geachtet, dass man mir nichts verkauft was ich nicht brauche, bzw. haben möchte. Ich habe also nichts weiter getan als eine **unnötige Komplexität** zu vermeiden. Damit habe ich sage und schreibe 2/3 vom ursprünglich angebotenen Preis eingespart – und zwar ganz ohne auf etwas (für mich Relevantes) verzichten zu müssen:

Ich habe bis heute keines der abgewählten Extras vermisst. Im Gegenteil, ich hätte eher ein Platzproblem in der Küche, hätte ich die ganzen teuren Hightech-Geräte statt der Laden einbauen lassen.

Wir können also festhalten: Das Problem mit dem Angebot war gar nicht das **hohe Preisniveau** – das Problem war die **hohe Standard-Komplexität** des Angebots.

Es wäre übrigens auch billiger möglich gewesen: Eine in puncto Größe und Funktion vergleichbare Küchenzeile wäre im Billig-Segment auch schon für etwa 1.000 Euro zu haben gewesen. Da sprechen wir aber von einer Küche, bei der die Ladengriffe aus Plastik sind (und bald zerbrechen, bzw. nach wenigen Jahren spröde werden), die Spaltmaße der Laden nicht stimmen, das Furnier sich bald abzulösen beginnt, die Scharniere bei der kleinsten Überbelastung ausreißen, die Geräte (falls überhaupt inkludiert) bald kaputt werden, und so weiter. Das wäre für mich allerdings ein **spürbarer Verzicht** gewesen, also war ich bereit einen höheren Geldbetrag für eine bessere Qualität zu bezahlen.

Einen großen Effekt kannst du also erzielen, wenn du mit dir selbst abklärst, wie viel Komplexität du in welchen Bereichen deines Lebens wirklich brauchst, bzw. haben willst – in dem Bewusstsein, dass du diese Komplexität freilich auch **bezahlen musst**. Wenn es dir gelingt ein Gespür dafür zu entwickeln, findest du dich in einer potenziell hochpreisigen Marktsituation deutlich besser zurecht.

7. Mediale Einflüsse

Dass wir heute eine derart hohe Komplexität als Standard betrachten, kommt nicht von ungefähr: Wir sind ständig von medialer Beeinflussung umgeben, die uns (mehr oder weniger bewusst) **vorgibt**, wir müssten doch eigentlich einen viel höheren Lebensstandard haben.

Wie oft war das im Internet schon ein Thema? Filmfiguren, bzw. Serienfiguren, die einen Lebensstil haben, der in keiner Relation zu ihrem Job steht. Obwohl manche Charaktere immer wieder dumme Fehler machen, die sie viel Geld kosten, ändert sich an ihrem Standard dennoch nichts. Dem Zuseher wird automatisch vermittelt: Das alles muss für einen Durchschnittsverdiener doch problemlos leistbar sein!
In der Realität müsstest du schon eine hohe Management-Position haben, um dir so einen Lebensstandard leisten zu können. Ein Quäntchen Luxus ist ein netter Show-Effekt: Einen begehrenswerten Lebensstil abzubilden, macht den Film oder die Serie definitiv attraktiver. Das ist wahrscheinlich für viele Zuschauer mit ein Grund dafür, dass sie den Film oder die Serie überhaupt ansehen: Weil sie auf diese Weise etwas von dieser (Schein-)Lebenswelt miterleben können, die sie sich im echten Leben nicht einmal im Ansatz leisten können.

Dann gibt es schließlich noch die Werbung. Die zielt direkt darauf ab, bestimmte Produkte als eine immense Bereicherung für dein Leben darzustellen. Natürlich muss sie dir zusätzlich den Eindruck vermitteln, dass die Produkte für dich problemlos leistbar wären ... immerhin sind sie das für die glücklichen Menschen, die im Werbefilm zu sehen sind, ja offenbar auch. Die sehen doch rundum glücklich und entspannt aus und vermitteln nicht den Eindruck, dass sie die Anschaffung ihrer neuen Wärmepumpe oder ihres neuen Elektroautos in Schulden gestürzt hätte.
Natürlich verstehen wir, dass das alles nur Show ist. Trotzdem beeinflusst uns diese Show unterschwellig dahingehend, dass wir diesen

hohen Standard, der uns am Bildschirm so schmackhaft gemacht wird, haben wollen und zudem auch als normal betrachten.

So wird uns ständig vorgegaukelt, ein Durchschnittsverdiener müsste sich spielend ein Haus oder eine große Eigentumswohnung, alle drei Jahre ein neues Auto, immer das neueste Smartphone, moderne Anziehsachen, haufenweise Abos und Mitgliedschaften, andauernd neue Einrichtung und Modernisierungsarbeiten im Wohnraum bzw. Garten, qualitativ hochwertige Haushaltsgeräte, alle erdenklichen Entertainment-Geräte, mehrere Urlaube im Jahr und jedes Wochenende Kurztrips, regelmäßiges »Shopping«, alltägliche Gastronomiebesuche, ausgelassene Ausgehabende und teure Qualitätslebensmittel und noch vieles mehr spielend leisten können.

Die Wahrheit ist: Ein Durchschnittsverdiener kann sich das heute nicht leisten und konnte es sich auch vor Jahrzehnten, in den angeblich so guten Zeiten »als Geld noch etwas wert war«, **definitiv nicht leisten!**

Tatsächlich hat ein Durchschnittsverdiener heute finanziell sogar mehr Möglichkeiten als noch vor wenigen Jahrzehnten – nur galt damals eben ein Lebensstandard als luxuriös, der heute bloß noch armselig wirkt.

8. Gestiegene Standards am Beispiel Auto

Das Gefühl, dass das Leben immer teurer wird, fußt stark auf dem Anspruch, unser heutiger, viel aufwändigerer (»komplexerer«) Lebensstandard dürfte nicht teurer sein als der einfachere Lebensstandard von damals.

Diesen Sachverhalt werde ich in diesem Kapitel anhand eines persönlichen Beispiels veranschaulichen: Ich habe 2014 für den Alltag einen fabrikneuen Skoda Fabia gekauft. Der Neupreis betrug etwa 13.500 Euro, mit entsprechenden Rabatten habe ich für das Auto genau 10.499 Euro bezahlt.

Umgerechnet entspricht dieser Betrag etwa 20.535 deutschen Mark oder – woran ich mich orientiere – 144.500 österreichischen Schilling. Dieses Preisniveau entsprach um 1990 etwa dem Einstieg in die Mittelklasse. Wenn ich nun den Vergleich ziehe, hat der Fabia ähnliche Abmessungen wie die damaligen Mittelklasse-Einstiegsmodelle. In puncto Ausstattung übertrumpft er sie deutlich.

Ich besitze und verwende das Auto (Stand 2022) immer noch, wobei es sich in den vergangenen 8 Jahren auf etwa 110.000 Kilometern als bisher sehr zuverlässig und unproblematisch erwiesen hat. Der Wagen ist trotz täglichem Einsatz optisch wie technisch immer noch nahe am Neu-Zustand – er ist also durchaus haltbar und robust gebaut worden und kann wohl auch in diesem Punkt mit den Mittelklassemodellen von damals mithalten.

Somit ist es nicht übertrieben zu behaupten, dass ich bei diesem konkreten Kauf für mein Geld im Jahr 2014 ähnlich viel Auto bekommen habe, als hätte ich es im Jahr 1990 erworben.

Dieses Beispiel zeigt, dass sich das Preis-Leistungs-Verhältnis in den 24 Jahren zwischen 1990 und 2014 eigentlich kaum (bzw. nicht notwendigerweise) verändert hat. Was sich hingegen verändert hat, ist die Vorstellung davon, in welcher Klasse man sich mit diesem Auto bewegt. Im

Jahr 1990 galt ein Auto dieser Kategorie als »Mittelklasse«, heute gilt es als »Kleinwagen.«

Wenn wir heute natürlich große Marken-Limousinen oder SUV fahren wollen, die größer, schwerer und technisch viel besser ausgestattet sind als es die teuersten Mercedes-Modelle in den 1970er Jahren gewesen sind, dürfen wir uns nicht darüber wundern, dass dieser hohe Standard auch entsprechend viel Geld kostet.

Zugegeben – es fehlen heute im Gegensatz zu damals die preiswerten Alternativen. Im Jahr 2022 dürfte es in Mitteleuropa schwer sein, einen Neuwagen für unter 10.000 Euro zu bekommen. Da befinden wir uns ziemlich am untersten Limit. Ein Auto, mit dem wir heute »standesgemäß« unterwegs sind, kostet neu schon zwischen 20.000 und 30.000 Euro. Wer nun etwas »Besseres« fahren will, bewegt sich bereits im Bereich von 40.000 Euro – mit reichlich Spielraum nach oben.

Ein wesentlicher Grund für diese Entwicklung liegt in den strengen und immer strenger werdenden Vorschriften im EU-Europa. Ein Auto muss heute vollkommen andere Anforderungen in puncto Sicherheit und Umweltverträglichkeit erfüllen als das vor der Jahrtausendwende der Fall gewesen war. Diese Anforderungen erhöhen selbstredend die Fahrzeugpreise erheblich.

Aber es sind eben auch die Ansprüche der Konsumenten, die für den raschen Preisanstieg verantwortlich sind. Denn wer würde es heute ernsthaft in Betracht ziehen, ein derart einfach aufgebautes Auto zu kaufen, wie es etwa 1990 im unteren Preissegment durchaus noch Standard war?

Ich habe den direkten Vergleich: Mein VW Golf II, Baujahr 1990, den ich als Student gefahren habe und ebenfalls noch besitze, hat zwei Türen, ein Vierganggetriebe und abgesehen von einer Heizung absolut keine Extras. Keine Servolenkung, kein ABS, kein ESP, keine Klimaanlage, keine Zentralverriegelung, keine Airbags, Fensterkurbeln anstatt elektrischer Fensterheber, und so weiter. Die Geräuschkulisse beim Fahren ist eine ganz andere: Das laute Motorengeräusch, die vernehmlichen Windgeräusche oder die klappernden Verkleidungsteile in Kurven oder beim Fahren auf schlechten Straßen können sich die meisten Autofahrer von heute gar nicht mehr vorstellen. Das war damals jedoch der Standard in der Kompaktklasse – als Fahrzeuge in der Größenordnung des heutigen Skoda Fabia noch als Mittelklasse galten. Nachdem billige Autos damals derart simpel aufgebaut waren, ist es nur natürlich, dass heutige »Billigmodelle«, die viel größer und besser ausgestattet sind, auch wesentlich teurer sind.

Anhand dieses Beispiels erkennen wir gut, dass sich das Preis-Leistungs-Verhältnis in den vergangenen Jahrzehnten gar nicht so sehr verschlechtert hat, wie wir es vielleicht empfinden. In einigen Bereichen hat es sich sogar durchaus verbessert. Was sich jedoch verändert hat, sind unsere Standards. Diese Entwicklung müssen wir erkennen und zudem lernen, sie von einer **echten Inflation** zu unterscheiden, wenn wir den Ursachen dafür, dass unser alltägliches Leben so teuer geworden ist, ernsthaft auf den Grund gehen und passende Lösungen für dieses Problem finden wollen.

9. Deinen Standard erhalten

Nun haben wir herausgefunden, dass es oft gar nicht die Inflation ist, die dein Leben immer teurer macht – sondern schlicht und einfach unsere steigenden Standards.

»Schön und gut«, wirst du dir wahrscheinlich denken. *»Ich will aber auf meinen Standard nicht verzichten. Ich will meinen Standard halten und mit meinem Geld trotzdem besser auskommen!«*

Da habe ich eine gute Nachricht für dich: Das ist tatsächlich möglich! Es funktioniert, indem du dein Konsumverhalten **strukturierst** und dich nicht mehr als notwendig von der Versorgungskette abhängig machst.

Ein wichtiger Schritt dorthin ist, dass du in möglichst vielen Bereichen auf **Wertbeständigkeit** setzt – und, wenn ich von Wertbeständigkeit spreche, dann meine ich weniger einen finanziellen Marktwert, sondern vor allem einen beständigen **Nutzungswert**. Denn was du hast, hast du!

Wenn du dein Konsumverhalten strukturierst, hilft es dir, wenn du es dazu in folgende drei Punkte unterteilst:

1) Grundversorgung (Nahrungsmittel, Energie, Miete)
2) Standarderhalt (Kleidung, Geräte, Einrichtung, Garten, etc.)
3) Unterhaltung (Gastronomie, Kino, etc.)

Als erstes musst du selbstredend deine Grundversorgung abdecken, das ist klar. Dazu haben wir bereits ein paar Möglichkeiten besprochen, wie du dich von der Teuerung zumindest etwas weniger abhängig machen kannst (z.B. Produktwechsel, Anbieterwechsel, etc. sowie Einsparungen dort, wo sie dir persönlich nicht wehtun.)

Nun kommen wir zum zweiten Punkt: Dem **Standarderhalt**. Dieser umfasst eine sehr breite Palette von (mehr oder weniger langlebigen)

Dingen, die dich im Alltag umgeben: Kleidung, Einrichtung, Geschirr, technische Geräte, Werkzeuge, Autoreifen, etc.

Bei diesem Punkt gibt es zwei Faktoren, auf die du achten solltest. Der erste Faktor ist die **Nachhaltigkeit**: Es ist wesentlich, dass du dich nachhaltig versorgst – also so einkaufst, dass du die Dinge möglichst lange nutzen kannst. Dabei geht es nicht nur um die Qualität, sondern auch um die Frage, wie du es auf lange Sicht haben willst. Wenn du dir zum Beispiel heute einen Wohnzimmerdekor kaufst, der dir nächsten Monat nicht mehr gefällt, ist dein Geld nicht **nachhaltig investiert**. Der Aspekt »Wohnzimmerdekor« ist damit nicht langfristig abgedeckt und du musst bald wieder Geld dafür ausgeben.

Betrachten wir zur Veranschaulichung das Beispiel »Kleidung«: Wenn ich mir eine Jacke kaufe, achte ich darauf, dass ich sie langfristig verwenden kann, bzw. auch **verwenden will**. Eine Jacke, die ich nicht bereits im nächsten Winter ersetze, weil sie mir nicht gefällt oder weil sie unpraktisch ist. Eine Jacke verwende ich üblicherweise zumindest 10 Jahre.

Da ich bei Kleidung nun allgemein auf langfristige Nutzbarkeit achte, ergibt sich folgende Situation: Aktuell gebe ich pro Jahr etwa 100 – 200 Euro für neue Kleidung aus. Das tut mir finanziell kein bisschen weh und im Endeffekt bin ich trotzdem immer gut gekleidet. Das ist möglich, da ich darauf achte meinen Kleidungsbedarf langfristig abzudecken. Dadurch ergibt sich der Effekt, dass ich meine Kleidung (selbst teure Stücke) letztendlich sehr günstig kaufe – wie genau das funktioniert, erkläre ich im nächsten Kapitel.

Der zweite Faktor ist die **Einteilung**, bzw. der **Überblick**. Stell dir dazu folgende Frage: Was muss ich diesen Monat erneuern?

Brauchst du neue Socken? Braucht dein Auto neue Reifen? Ist deine Gartenschere defekt und muss ausgetauscht werden? Wenn du dir einen Überblick über diese Details verschaffst, tust du dich leichter damit deinen gewohnten Standard **kontinuierlich** zu erhalten.

Das soll allerdings keinesfalls bedeuten, dass du **zwanghaft** Dinge erneuern sollst! **Im Gegenteil**, es ist vollkommen in Ordnung, wenn du feststellst: »*Alles ist da, alles funktioniert. Diesen Monat brauche ich nichts.*« Denn was du nicht für den Standarderhalt benötigst, kannst du getrost für Punkt 3 – die **Unterhaltung** – ausgeben, oder wahlweise einen Teil davon sparen.

Dieser dritte Punkt, nämlich die Unterhaltung, trägt natürlich ebenfalls wesentlich zu deinem Lebensstandard bei. Allerdings handelt es sich dabei im Regelfall um sehr **flüchtige Vergnügungen**. Investitionen in etwas Flüchtiges sind aus finanztechnischer Sicht etwas heikel. Insofern ist es wichtig, dass du für die Unterhaltung nur Geld ausgibst, das dir später nicht anderswo fehlt.

Das bedeutet nicht, dass du für diesen Bereich kein Geld ausgeben sollst. Gerade der Punkt »Unterhaltung« bringt uns oft in Situationen, die dem Leben erst seine Würze geben. Daher darf er dir auch etwas wert sein – selbst wenn das bedeutet, fallweise unverhältnismäßig viel Geld in kurzer Zeit auszugeben.

Ein Ausgehabend beispielsweise kann ein sehr schönes Erlebnis sein, das für die anstrengende Arbeitswoche entschädigt. Allerdings kostet derartiges Vergnügen auch schnell viel Geld: Ein Betrag, der deinem Einkaufsbudget für die ganze Woche entspricht, ist dabei an einem Abend schnell ausgegeben.

Tatsache ist: Kaffeehäuser, Restaurants, Nachtlokale, Konzerte, etc. sind meist ein teures Vergnügen. Das ist vorerst kein großes Problem, so lange das Geld da ist und du es nicht eigentlich für etwas anderes bräuchtest ... oder es gar von einem überzogenen Konto stammt.

Das ändert aber nichts an der Tatsache, dass Unterhaltung oft kostspielig ist und zuweilen immer teurer wird. Jedoch muss ich hier den Einwand bringen, dass Unterhaltung – im Vergleich zum Einkommensniveau – auch vor Jahrzehnten schon teuer gewesen ist. Denn in Wahrheit ist beispielsweise das Erlebnis »Gastronomie« damals wie heute für die meisten von uns ein Moment, in dem wir über den Verhältnissen leben: Wir brauchen nur dasitzen und uns gut zu unterhalten – um all die unangenehmen Dinge kümmert sich jemand anderer. Wir brauchen das Essen nicht zu kochen, wir bekommen es an den Tisch serviert und wir müssen hinterher auch nicht aufräumen bzw. putzen. Dieser Service kostet – und führt zu entsprechend hohen Preisen für Speis und Trank. Preise, die meist in keiner Relation zu unserem Einkommen stehen.

Die Frage ist nun: Wie lassen sich Vergnügen und Kosteneffektivität in ein sinnvolles Verhältnis bringen? Gegen die hohen Preise für Speisen, Getränke, Eintritte, etc. kannst du natürlich nicht wirklich etwas ausrichten. Das bedeutet aber nicht, dass du machtlos bist! Wichtig ist, dass du für dich selbst ein **Kostenbewusstsein** schaffst. Wie viel ist **dir persönlich** die Unterhaltung wert? Was willst du erleben und was bist du bereit dafür auszugeben? Diese Fragen solltest du für dich selbst abklären – dementsprechend kannst du steuern, wie teuer deine Unterhaltung für dich wirklich wird.
Wenn du ein Gourmetlokal besuchst oder in einen teuren Club gehst, musst du auch mit entsprechenden Ausgaben rechnen. Mit der richtigen Einteilung kannst du dir auch das gelegentlich gönnen: Einfach einmal ausprobieren, egal was es kostet. Ansonsten, was das regelmäßige Ausgehen betrifft, empfiehlt es sich jedoch eher Etablissements zu besuchen, die zu den eigenen finanziellen Verhältnissen passen.
Wichtig ist, dass du die Situation jederzeit unter Kontrolle hast: Weder die Gier (*»Ich kriege eh schon nichts mehr runter, will aber noch etwas bestellen, wo ich schonmal da bin«*) noch andere Leute (*»Komm schon, eine Runde kannst du doch noch zahlen«*) sollten die Übermacht gewinnen, wenn du deine finanzielle »Schmerzgrenze« erreicht hast. Wenn du das beherzigst, hast du deinen Spaß und es gibt am nächsten Morgen (zumindest in finanzieller Hinsicht) auch kein böses Erwachen.

10. Selbstgemachte Teuerung

Mit der richtigen Einteilung und einem ausgeprägten Kostenbewusstsein kommst du in unserem hochpreisigen Umfeld deutlich besser zurecht. Das ist allerdings **noch lange nicht** alles, was du tun kannst, um die Teuerung auszubremsen!

Was, wenn ich dir jetzt verrate, dass du selbst steuern kannst, wie teuer du ein Produkt kaufst? Auch wenn du auf den Ladenpreis keinen (unmittelbaren) Einfluss hast, liegt es auch in deiner Hand, ob der Kauf letztendlich teuer oder preiswert ist.

Wie sehr man selbst beeinflussen kann, wie teuer der eigene Alltag ist, habe ich beispielsweise in einer Situation erfahren, in der mir persönlich das übliche, hohe Preisniveau durchaus wehgetan hat. Das war im Herbst 2014 – ein finanziell für mich sehr strapaziöses Jahr: Damals hatte ich nicht nur mein Haus gekauft, sondern auch ein neues Auto. Meine finanziellen Reserven waren damit praktisch aufgezehrt. Die Renovierung meines Hauses verschlang weiterhin Geld und nun stand ich vor der Herausforderung, dass ich die Wohnung ausstatten musste, in der ich bis zum Abschluss der Renovierungsarbeiten wohnte.
Wir machen uns ja nur selten eine Vorstellung davon, wie viele Kleinigkeiten wir eigentlich im Haushalt haben: Essbesteck, Gläser, Geschirr, Töpfe, Besen, Staubsauger, Handtücher, Nagelschere, Kaffeemaschine, Waschmaschine, etc. etc. – es gab so viele kleinere und größere Anschaffungen, die ausständig waren und die ich nun alle innerhalb kurzer Zeit tätigen musste.
Das ist durchaus ein Moment der Abhängigkeit: Wenn nichts da ist und alles mit Geld, über den Markt, über die teure Versorgungskette des Systems, angeschafft werden muss.
Je mehr Ausstattung du bereits hast, umso weniger sind die Marktpreise ein **echtes** Problem. Denn solche Dinge kauft man einmal und nutzt sie dann langfristig, über Jahre, wenn nicht Jahrzehnte. Insofern sind

45

sie, wenn auch nicht in ihrem Marktwert, jedoch sehr wohl in ihrem **Nutzungswert**, der für deinen persönlichen Alltag relevant ist, äußerst wertbeständig.

Wird doch einmal eine Kleinigkeit kaputt, wie z.b. eine Nagelschere, ist es für deine Finanzen relativ unerheblich, ob eine Neue nun 5 Euro, 10 Euro oder 15 Euro kostet.

Was erkennen wir anhand von diesem Beispiel? Vollkommen richtig: Je besser du mit Dingen von **beständigem Nutzungswert** ausgestattet bist, umso weniger trifft dich die Teuerung.

Ich habe damals übrigens dennoch einen Weg gefunden, mich von der Notwendigkeit, meinen Haushalt auszustatten, nicht zur **finanziellen Verausgabung nötigen** zu lassen. Ich war nicht dazu bereit leichtfertig jeden Preis für die notwendige Ausstattung zu bezahlen, obwohl man meinen sollte, dass ich keine Wahl gehabt hätte. Doch in Wahrheit hatte ich sehr wohl eine Entscheidungsmöglichkeit: Ich hätte sämtliche Utensilien, die ich im Haushalt benötigte, teuer im Handel kaufen können (wofür ich mich zu diesem Zeitpunkt verschulden hätte müssen) – oder ich würde **Ressourcen** nutzen, die schon vorhanden waren. Ich entschied mich für den Weg der Unabhängigkeit. Der begann schon bei der Besichtigung der Wohnung: Dort waren von der Vormieterin sehr viele Haushaltsgegenstände (in ordentlichem Zustand) zurückgelassen worden. Der Eigentümervertreter meinte noch: *»Das wird selbstverständlich noch alles entsorgt.«*

Ich habe ihn allerdings darum gebeten, alles so zu lassen wie es war. Mir war nämlich schon bei der Besichtigung aufgefallen, dass vieles noch zu **gebrauchen** war. Viele Leute hätte das vermeintliche Gerümpel vielleicht abgeschreckt … für mich war es ein zusätzlicher Grund, die Wohnung zu nehmen. Würde mir dort doch so einiges den Start in ein selbstständiges Leben erleichtern!

Gesagt, getan. Alles blieb wie es war. Ein paar Dinge waren selbstredend zu entsorgen, doch vieles war da, was ich sonst erst hätte teuer anschaffen müssen: Eine Wohnzimmercouch, Geschirr, Handtücher, eine Kaffeemaschine, ein neuwertiger Besen und so weiter.

Ansonsten war ich mir auch nicht zu fein dafür, einige Dinge gebraucht von der Verwandtschaft zu übernehmen. Damit blieben neben einer Waschmaschine und einem Staubsauger nur noch Kleinigkeiten, die ich für den Haushalt anschaffen musste. Meine ursprüngliche Haushaltsausstattung habe ich also eher zusammengesammelt als gekauft.

Sämtliche Dinge, die ich damals für die Ausstattung der Wohnung zusammengetragen hatte, habe ich beim Einzug in mein Haus mitgenommen. Im Gegensatz zur Vormieterin habe ich aus der Wohnung alles ausgeräumt, was nicht niet- und nagelfest war.
Einige Gegenstände, die ich damals in der Wohnung vorgefunden habe, wie die Kaffeemaschine, einen Föhn sowie auch Geschirr, nutze ich (Stand 2022) noch heute! Natürlich hätte ich mir mittlerweile spielend Ersatz leisten können. Doch weshalb eigentlich? Welchen Nutzen würde ich daraus ziehen, intakte Geräte zu entsorgen und neue anzuschaffen? Weshalb sollte ich mich ohne Notwendigkeit (z.B. Defekt eines Gerätes) in die Abhängigkeit der Versorgungskette begeben? Weshalb sollte ich grundlos, bloß aus **Eitelkeit**, für mehr Nachfrage sorgen und dem Angebot damit in die Karten spielen?

Wichtig ist im Endeffekt nur, dass du deine Ausstattung zweckmäßig und ohne Einschränkung (z.B. durch teilweisen Defekt) nutzen kannst. Meine Kaffeemaschine beispielsweise hat kein Label aufgedruckt, auf dem steht »gebraucht übernommen.« Mich interessiert nicht, ob ich sie vor ein paar Wochen neu gekauft oder aber vor mehr als 7 Jahren gebraucht übernommen habe – was mich interessiert, ist, dass ich Morgen für Morgen meinen Kaffee trinken kann und, dass ich dafür nicht **mehr als notwendig** bezahlen muss.

Nun sind wir schon recht nahe an den Aspekt herangerückt, auf den ich in diesem Kapitel hauptsächlich hinausmöchte – denn an diesem Punkt erkenne ich oft einen **teuerungstreibenden** Effekt: Wir wollen alles immer **neu** haben. Nicht nur, dass viele Menschen lieber etwas Neues kaufen, auch wenn sie die Gelegenheit hätten, etwas Gebrauchtes günstig oder sogar kostenlos zu bekommen … vor allem auch bei Dingen, **die wir selbst neu gekauft haben**, wird vielfach gerne ersetzt, obwohl längst noch keine Notwendigkeit dazu besteht. Schon kleine optische Mängel, bzw. ein »aus der Mode kommen« genügen und Gegenstände, die ihren Zweck ansonsten noch tadellos erfüllen und das auch noch lange Zeit über tun könnten, landen im Müll.

Damit wären wir erneut bei Punkt zwei, dem Standarderhalt: Man kann es eben auch übertreiben und den Standard **zu gut** erhalten. Durch zu frühes, bzw. übermäßiges **Ersetzen** von Dingen treibst du nicht nur den Konsum und damit auch die Inflation an – du **verschlechterst** damit auch unmittelbar für dich selbst den **Kosten-Nutzen-Preis!**

Wenn ich z.B. eine Jacke für 100 Euro kaufe und dann 10 Jahre lang nutze, habe ich einen **preiswerten Kauf** gemacht; wenn ich dieselbe Jacke nur für eine Saison kaufe und dann wegwerfe, habe ich einen **teuren Kauf** gemacht.

Genau das ist der Punkt, an dem du es selbst in der Hand hast, ob du teuer oder preiswert kaufst: Denn, ob ein Preis hoch ist oder nicht, ergibt sich letztendlich aus der Kosten-Nutzen-Rechnung, beziehungsweise aus der **Kosten-Nutzungsdauer-Rechnung**.

Natürlich kannst du nun sagen: *»Ich habe aber keine Lust etwas mehrere Jahre lang zu tragen. Ich will laufend neue Sachen haben!«*

Das ist okay – aber wenn du diesen **Luxus** (der heute allerdings häufig als Standard betrachtet wird) haben willst, Dinge zu ersetzen lange bevor sie kaputt sind, musst du ihn eben auch bezahlen! Dann ist es klar, dass du die Dinge viel teurer kaufst … du zahlst zwar denselben Preis, kaufst aber für eine viel kürzere Nutzungsdauer. Tust du das regelmäßig, ergibt sich daraus der Effekt, dass dein modernes Leben wesentlich mehr kostet als der Alltag vor einigen Jahrzehnten, als man Dinge noch verwendet hatte, bis sie endgültig kaputt waren.

Sehr gut lässt sich dieser Effekt bei Waren beobachten, die für eine sehr lange Nutzungsdauer ausgelegt sind. Denken wir etwa an Artikel aus dem Baumarkt, wie Armaturen, Bodenbeläge, Kabel, Montagematerial, Wasserrohre und so weiter. Derartige Materialien sind dafür gedacht, dass sie einmal gekauft werden und dann **jahrzehntelang** im Einsatz sind. Dementsprechend sind sie beim Kauf auch **hochpreisig** – doch **teuer** werden sie erst, wenn sie nach wenigen Jahren wieder herausgerissen und ersetzt werden.

Nun gibt es viele Menschen, die häufig Umbauten bzw. Adaptierungen im eigenen Haushalt durchführen, wobei die vorhandene, noch vollkommen intakte Ausstattung zerstört, bzw. entsorgt wird. Dann beklagen sie sich darüber, dass die Materialien aus dem Baumarkt so furchtbar teuer sind. Jedoch sind die Preise tatsächlich weniger das Problem als der sorglose Umgang mit den genannten Ressourcen.

Wenn du häufig (im größeren Stil) **modernisierst** anstatt nach Jahrzehnten einmal **renovierst**, trägst du auch ständig Kosten, die in einem Menschenleben sonst üblicherweise nur zwei Mal anfallen: Einmal beim Hausbauen und einmal bei der Renovierung nach mehreren Jahrzehnten.

Ein weiteres Beispiel für diesen **selbstgemachten Teuerungseffekt** ist das Auto: Wer immer ein möglichst neues Auto fahren möchte, fährt sehr teuer. Ein Auto ist eine (für die meisten Privatmenschen) durchaus kostenintensive Maschine und kann sich nur amortisieren, wenn es entsprechend lange im Einsatz ist. Wenn du dein Auto also nach 3 – 4 Jahren gegen ein Neues ersetzt, zahlst du einen überproportional hohen Preis für deine Mobilität.

Betrachten wir dazu die Situation, dass jemand ein neues Auto auf Leasing fährt und alle drei Jahre auf das neueste Modell umsteigt. Für viele Menschen gilt das als attraktiv, da sie immer ein modernes Auto haben und sich selten über Reparaturen Gedanken machen müssen ... finanziell gesehen ist diese Variante aber das Worst-Case-Szenario: Gerade in den ersten Jahren ist der Wertverlust eines Autos besonders hoch. Die Leasingnehmer begleichen also in Wahrheit Monat für Monat den Wertverlust und »produzieren« damit für den Handel junge Gebrauchtwagen. Sie selbst kaufen sich dafür nur die **Illusion** eines hohen

Lebensstandards (wie wir es z.B. auch im Urlaub in teuren Hotels tun). Doch während dieses Verhaltensmuster in solchen Ausnahmefällen schon einmal vertretbar ist, wird es kritisch, sobald es Einzug in den Alltag hält. Denn damit wird auch der selbstgemachte Teuerungseffekt **alltägliche Realität**!

Für sehr viele Haushalte ist die Leasingrate für das Auto ein wesentlicher Ausgabenfaktor, der erheblich zu dem **Gesamteindruck** beiträgt, dass das Leben immer teurer wird und kaum noch leistbar ist.

Leasing kann Sinn machen, wenn du damit ein Auto finanzierst, um es dann langfristig zu fahren. In Zeiten einer hohen Inflation kann eine Finanzierung sogar sinnvoller sein als das Sparen auf einen Neukauf. Achte aber darauf, dass du ein Fahrzeug wählst, das zu deinen finanziellen Verhältnissen passt. Viele Menschen lassen sich heute dazu verleiten, über ihren Verhältnissen zu fahren, und klagen dann darüber, dass das Fahren so teuer ist, bzw. ihr Geld regelmäßig vor dem Monatsende aufgebraucht ist.

Zusammenfassend können wir also festhalten, dass wir jedenfalls bei Produkten mit langer Lebensdauer einen wesentlichen Einfluss darauf haben, wie teuer wir sie kaufen – obwohl wir keinen Cent am Ladenpreis verringern.

11. Autarkie

Nun haben wir eine wesentliche Methode kennengelernt, wie du die Teuerung relativieren und deinen Standard trotz steigender Preise aufrechterhalten kannst.

Einzig die Vorstellung von einem Standard, der ständiges »Shopping«, vorschnelles Erneuern und ständiges Modernisieren bedeutet, ist mit keinem Trick zu halten. Wie auch? Wie könnte man etwas bewahren, das man in Wahrheit nie hatte? Für einen Durchschnittsverdiener war das weder damals, noch ist es heute die Realität. In Wahrheit waren und sind es immer nur Momentaufnahmen, in denen wir über unseren Verhältnissen leben (beispielsweise im Urlaub) und die wir dann retrospektiv fälschlicherweise als unseren Standard interpretieren.

Soweit, so gut. Es geht uns ja (einstweilen) gar nicht wirklich schlechter. Doch wie sieht das in der nahen Zukunft aus? Es ist unbestreitbar, dass aktuell, nach Ausbruch der Corona-Pandemie und in Zeiten von Energiewende und ökosozialen Steuerreformen die Preise gerade in den drei wesentlichen Faktoren Lebensmittel, Energie und Wohnen spürbar steigen.

Es ist nicht auszuschließen, dass es in diesen Fällen aufgrund einer enormen Nachfrage in Kombination mit Verknappungen (z.B. begrenzte Verfügbarkeit von Bauland, etc.) tatsächlich zu einer Verringerung unseres gewohnten Lebensstandards kommen wird. In Wahrheit muss man kein Star-Ökonom sein, um zu erkennen, dass diese Entwicklung ein mögliches, bzw. in manchen Bereichen (speziell beim Wohnraum) auch durchaus wahrscheinliches Szenario ist.

Jetzt fragst du dich bestimmt: *»Was kann ich machen, damit mich diese Entwicklung nicht mit voller Wucht trifft?«*

Das Zauberwort heißt **Autarkie**! Je autarker, also vom System, bzw. der Versorgungskette unabhängiger du bist, umso weniger kann dir eine hohe Inflation anhaben. Autarkie ist das Mittel schlechthin gegen eine Abhängigkeit von ständig steigenden Preisen.

Aber wie ist das zu verstehen? Wie lässt sich das praktisch umsetzen? Natürlich ist das nicht so gemeint, dass wir nun alle Selbstversorger werden sollten. Du musst dein Leben also keinesfalls vollkommen umstrukturieren, um unabhängiger zu werden. Viel mehr geht es darum Möglichkeiten zu finden, die für dich persönlich leicht umsetzbar sind und ein Stückchen weniger Abhängigkeit bedeuten.

Das beginnt schon bei Kleinigkeiten. Wenn du dir zum Beispiel dein Basilikum in einem Topf am Küchenfensterbrett selbst züchtest, musst du es nicht im Handel kaufen. Natürlich wäre dieses Beispiel für sich genommen nur ein Tropfen auf den heißen Stein. Eine Gewürzpflanze auf dem Fensterbrett rettet natürlich längst noch keinen Lebensstandard. Das Interessante daran ist viel mehr das **Prinzip** dahinter: Die Idee, dass du dir (bei einer konkreten Sache) selbst helfen kannst und nicht auf das System angewiesen bist.

Doch welche Schritte kannst du persönlich nun setzen, die einen spürbaren Effekt haben? Die Antwort ist, dass es dafür keine allgemein gültige, pauschale Lösung gibt. Welches (für dich persönlich) die richtigen Schritte sind, hängt von mehreren Faktoren ab: Etwa von deiner Lebenssituation sowie auch von deinem Willen zur Autarkie.

Es macht einen Unterschied, ob du in der Stadt oder am Land wohnst. Ob du alleinstehend, in einer Partnerschaft oder in einer Familie mit Kindern lebst. Ob du Student, Angestellter oder Pensionist bist. In welcher finanziellen Dimension du dich befindest. Abhängig von deiner persönlichen Lebenssituation sind auch deine Anforderungen verschieden.

Relevant ist außerdem, wie du dich mit den jeweiligen Schritten zu mehr Autarkie fühlst. Denn eines ist auch klar: Autarkie darf natürlich nicht wehtun. Es hat keinen Sinn, wenn du dich zu etwas zwingst, was dir im Endeffekt mehr Lebensqualität nimmt als die hohen Marktpreise es tun.

Deswegen ist es, für eine Veränderung hin zu mehr Unabhängigkeit, notwendig, dein **individuelles Autarkiekonzept** zu entwickeln. Dieses besteht aus einem Konvolut von Kleinigkeiten, bei denen du dich künftig nicht mehr (so sehr) vom System abhängig machst.

Was die Details anbelangt, die du im Alltag relativ einfach umsetzen kannst, ist der Zugang zu mehr Autarkie individuell verschieden. Doch obwohl es kein pauschales Rezept dafür gibt, existiert doch die eine oder andere Grundregel, die zu mehr Autarkie verhilft: So etwa die Tatsache, dass (zweckmäßiges) Eigentum unabhängig macht. Denn alles, was dir gehört und dir langfristig einen Nutzen bringt, musst du nicht laufend über die Versorgungskette beziehen bzw. finanzieren.

Das Paradebeispiel dafür: Besitzt du ein Haus oder eine Wohnung, können dir steigende Mieten und explodierende Immobilienpreise egal sein. Hast du eigene Solarpaneele auf dem Dach, werden dich steigende Strompreise relativ wenig kümmern.

Natürlich gilt es aber auch die Zweckmäßigkeit im Auge zu behalten: Ein sehr großes Haus führt beispielsweise auch schnell wieder zu mehr Abhängigkeit in anderen Punkten (etwa Heizkosten, laufende Reparaturen). Solarpaneele sind in der Anschaffung/Installation teuer und rechnen sich für dich wahrscheinlich nur, wenn du einen hohen Stromverbrauch hast.

Apropos Energieverbrauch: Ein weiterer Ansatz um autarker zu werden, ist es, dich nicht so sehr von Mobilität abhängig zu machen: Arbeitest du von zuhause aus, oder jedenfalls im Nahbereich, können dich steigende Kraftstoffpreise kaum in Bedrängnis bringen. Dann geht es mehr um Fahrten, die du machen **willst** – und weniger um solche, die du antreten **musst**.

Dann gibt es schließlich noch einen wesentlichen Punkt, in dem sich immer mehr Menschen in eine signifikante Abhängigkeit begeben: Die Fähigkeit, dir in deinem Haushalt selbst helfen zu können. Gerade in diesem Punkt erkenne ich in unserer heutigen Gesellschaft teilweise massive Schwächen.

Bisher haben wir uns eher mit dem Fall beschäftigt, dass wir Waren kaufen – seien es nun langfristige Anschaffungen wie Möbel, Geräte, etc., oder Verbrauchsgüter wie Nahrungsmittel oder Brennstoffe. Doch ein weiterer, durchaus nicht zu unterschätzender Kostenfaktor sind schließlich auch **Dienstleistungen**, für deren Erledigung wir andere bezahlen.

Früher war es (für die Durchschnittsbevölkerung) die Norm, dass die Leute ihre wenigen Habseligkeiten selbst repariert haben – beziehungsweise sich in kleinen Verbänden (Nachbarschaft, Verwandtschaft) gegenseitig bei ihren handwerklichen Aufgaben geholfen haben. Heute wird hingegen vieles aus der Hand gegeben: Die Autoreifen werden in der Werkstatt gewechselt, die Kleidung in die Reinigung gegeben, beim Saubermachen hilft eine Reinigungskraft und bei jedem kleinen Defekt im Haushalt wird ein Handwerker gerufen.

Bis zu einem gewissen Grad ist das durchaus positiv: Es ist schlicht und einfach angenehmer, wenn wir nicht alles selbst machen müssen. Oft ist es auch besser, etwas von Profis erledigen zu lassen, anstatt es selbst zu machen. Auf das gesamte System gesehen ist diese **Arbeitsteilung** sicherlich auch effektiver ... und schließlich fußt auch das Funktionieren unserer Wirtschaft auf diesem Prinzip.

Dieses Mehr an Komfort ist natürlich mit ein Grund dafür, weshalb unser heutiger Lebensstandard **teurer** ist als damals. Doch so lange wir uns das leisten können (und wollen) ist das nicht zwingend ein Problem. Der Punkt, an dem die Sache jedoch kritisch wird, ist genau dann erreicht, wenn wir diese Arbeitsteilung nicht mehr als eine **Erleichterung** des eigenen Alltags erleben, sondern als eine **Abhängigkeit**. Also dann, wenn wir für jedes kleinere oder größere Alltagsproblemchen auf einen Dienstleister angewiesen sind. Dieser Punkt ist in unserer Gesellschaft nicht nur bereits erreicht, sondern in vielen Fällen längst überschritten! Denn einmal ganz ehrlich: Wie viele Menschen im EU-Europa **können** sich heute wirklich noch (umfassend) selbst helfen, wenn im Haushalt Reparaturen anfallen? Wer hat grundsätzlich noch die Bereitschaft dazu,

Probleme erst einmal selbst in Angriff zu nehmen? Es gibt noch Hobby-Handwerker, gar keine Frage. Doch die Norm ist es in unseren Breiten nicht mehr, dass Haushalte üblicherweise ohne fremde Hilfe auskommen.

Der Grund dafür ist einerseits, dass sich in den vergangenen Jahrzehnten ein großes Freizeitangebot entwickelt hat, das uns die Lust dazu nimmt, neben dem Job auch noch Arbeiten im Haushalt zu erledigen; andererseits liegt es an der gestiegenen **Komplexität** in unserem modernen Wohn-Umfeld. Vieles lässt sich heute nicht mehr so einfach von Laien reparieren wie noch vor einigen Jahrzehnten.

Durch diese Abhängigkeit von Dienstleistern und die daraus resultierende **notgedrungene** Nachfrage ergibt sich eine für Konsumenten ungünstige Marktsituation: Die Preise für Handwerkerleistungen sind üblicherweise hoch. Trotz dieser Preissituation kommen die meisten Anbieter kaum mit der Arbeit hinterher, da so viele Menschen auf sie angewiesen sind. Die Nachfrage ist deutlich höher als das Angebot – und damit befinden sich auch hier die Preise auf steigendem Kurs.

Ich persönlich achte in diesem Punkt gegenwärtig sehr auf Autarkie. Anfallende Instandhaltungsarbeiten rund um mein Zuhause erledige ich, wenn möglich, selbst. Die notwendigen Kenntnisse dafür habe ich mir angeeignet – meist mittels »learning by doing.«

Auf Handwerker bin ich insofern nur selten angewiesen. Dadurch ergibt sich für mich folgender interessanter Effekt: Das Preisniveau ist zwar hoch, es betrifft mich persönlich aber nicht, bzw. nur selten.

In diesem Fall, wenn das allgemeine Preisniveau in einem bestimmten Bereich zwar hoch, bzw. auch steigend ist, du selbst von den Preisen allerdings nicht oder nur insignifikant betroffen bist, spreche ich von einer **theoretischen Teuerung**. Sie ist zwar da, tut dir aber nicht weh (vgl. »persönliche Inflationsrate«, Kapitel 5).

Dass ich Wert auf Autarkie lege, bedeutet übriges nicht, dass ich jeden Handgriff in meinem Alltag selbst mache … und dementsprechend auch nicht, dass ich dir zu selbigem rate. Manchmal entscheide ich mich auch dazu eine Aufgabe auszulagern und nehme die Kosten dafür in Kauf. Der Punkt ist allerdings, dass ich es freiwillig tue – und nicht, weil ich mir selbst nicht helfen kann und mir daher keine andere Wahl bleibt. Dementsprechend ist auch das **Angebot-Nachfrage-Verhältnis** ein anderes: Aus der genannten Situation heraus **muss** ich keinen Auftrag erteilen. Somit werde ich es nur dann tun, wenn auch der Preis für mich akzeptabel ist. Andernfalls kommt für den Anbieter eben kein Auftrag zustande.

Diese Unabhängigkeit hat im Übrigen nicht nur aus finanziellem Gesichtspunkt einen klaren Vorteil: In der vergangenen Heizsaison hatte beispielsweise meine Zentralheizung einen plötzlichen Totalausfall. Im Winter kühlte der Wohnraum schnell ab, also war rasches Handeln notwendig. Nachdem der Pelletofen ein komplexes und teures Gerät ist, wollte ich diese Aufgabe eigentlich von einer Fachkraft erledigen lassen. Also rief ich bei mehreren Notdiensten an – jedoch waren sämtliche Anbieter offenbar derart **ausgelastet**, dass es nicht möglich war, mir innerhalb von Tagen (!!!) einen Techniker zu schicken.

Nachdem ich mein Haus über mehrere Tage notdürftig (und ziemlich ineffektiv) mit Elektrostrahlern beheizte und mir nach wie vor kein Anbieter einen verbindlichen, zeitnahen Termin für eine Reparatur nennen konnte, entschied ich, mich doch selbst an die Reparatur heranzuwagen. Als Ursache war zwischenzeitlich der Druckfühler im Inneren des Ofens eruiert. Also organisierte ich ein passendes Ersatzteil im Fachhandel, ließ das Wasser aus dem Ofen ab, ersetzte das defekte Teil und befüllte den Ofen anschließend mittels einer provisorischen Vorrichtung (der Kessel muss mit Überdruck befüllt werden) neu. Ich schaltete den Ofen ein – und das System lief wieder wie gehabt.

Im Endeffekt musste ich weder eine teure Reparatur bezahlen, noch musste ich weiterhin abwarten, bis ein Fachbetrieb Zeit haben würde.

Die Moral von der Geschichte? Wenn du bei der Instandhaltung deines Haushaltes autark bist, ersparst du dir einerseits die Situation, dass dir Defekte unerwartet ein Loch in die Haushaltskassa reißen – andererseits ersparst du dir die **Hilflosigkeit**, die entsteht, wenn die Nachfrage derart hoch ist, dass das Angebot es sich leisten kann dich trotz hohem Preisniveau auf unbestimmte Zeit warten zu lassen.

Könnte sich die große Mehrheit der Haushalte selbst helfen, müssten Handwerksbetriebe schon attraktive Preise machen, damit sie Aufträge bekämen. Dann müsste man sie nämlich nicht beauftragen, egal was es kostet ... dann ginge es nur um die Frage, ob man sich die Arbeit wirklich selbst antun möchte.
Auch wenn du die Arbeit erledigen lässt, ist es gut, wenn du selbst eine Idee davon hast, wie viel Arbeitsaufwand eine Reparatur im Haushalt wirklich bedeutet. Dann kannst du besser einschätzen, ob ein Angebot gerechtfertigt oder purer Wucher ist.

Diese Zeilen beabsichtigen im Übrigen nicht, Handwerksbetriebe als ruchlose Preistreiber darzustellen. Die Betriebe müssen hohe Standards erfüllen, hohe Löhne sowie vor allem hohe Steuern und Abgaben bezahlen. Hinzu kommt, dass scheinbar immer weniger Menschen in diesen Bereichen arbeiten wollen – daraus ergibt sich die Situation, dass ein hoher Bedarf durch die Arbeitsleistung von vergleichsweise wenig Arbeitskräften erledigt werden muss. Diese Belastung lassen sich die Betriebe (die wiederum ihre Mitarbeiter entsprechend entlohnen und die hohen Steuern für diese Entlohnung abführen müssen) natürlich in Form von hohen Preisen bezahlen.

Schließlich geht es bei der Autarkie auch gar nicht nur um große, technisch anspruchsvolle Reparaturen. Vor allem auch kleine, leicht erlernbare Reparaturen an Alltagsgegenständen können dir dabei helfen, von der Versorgungskette unabhängiger zu werden.
Denken wir etwa noch einmal an das Beispiel mit der Jacke. Kaufst du eine Jacke für 100 Euro und nutzt sie 10 Jahre, hast du sie preiswert gekauft. Nutzt du sie nur eine Saison lang, war es eher ein teurer Kauf. Natürlich kannst du nun einwenden: *»Was, wenn schon nach kurzer Zeit etwas daran kaputt wird? Wenn eine Naht aufgeht oder ein Knopf abreißt. Soll ich dann mit der kaputten Jacke rausgehen?«*

Die Antwort lautet: Nein, das ist natürlich nicht notwendig. Du musst dir deswegen aber auch nicht gleich eine neue Jacke kaufen. Es ist durchaus einfach möglich und zumutbar, einen Knopf wieder anzunähen. Auch eine kaputte Naht, z.B. im Innenfutter lässt sich relativ einfach, auch von Laien, reparieren.

Das bedeutet nicht, dass du grundsätzlich alles so lange nutzen musst, bis es wirklich irreparabel kaputt ist. Allerdings kannst du dir im Alltag tendenziell viel Geld sparen und zudem an Unabhängigkeit gewinnen, wenn du anfängst kleine Reparaturen in deinem Haushalt selbst zu machen, bzw. Dinge nicht gleich wegzuwerfen, nur weil eine Kleinigkeit daran repariert werden müsste.

Autark sein bedeutet (im Kontext dieses Buches) also nicht, dass du komplett unabhängig werden musst; es bedeutet auch nicht, dass du jeden Konsum verweigern und jede anfallende Arbeit selbst erledigen sollst. Die Wirtschaft funktioniert auf Basis der Arbeitsteilung – und genau dadurch entsteht auch der angenehme Effekt, dass wir eben nicht jeden Handgriff in unserem Alltag selbst erledigen müssen.

Autarkie bedeutet lediglich, dass du dich nicht mehr als notwendig in die Abhängigkeit begibst und in so vielen Fällen wie möglich die **Option** hast, dich **gegen** das am Markt erhältliche Angebot zu entscheiden. Du bist im Vorteil, wenn du sagen kannst: *»Der Marktpreis ist mir gegenwärtig zu hoch, also decke ich meinen Bedarf auf andere Weise.«*

Je ausgeprägter dir diese Möglichkeit offensteht, umso stärker gewinnst du die Macht über dein finanzielles Auskommen und schließlich auch über deine Kaufkraft zurück.

12. Privatverkauf und Tauschhandel

Wenn wir von Autarkie sprechen, darf ein Punkt natürlich nicht fehlen: Gebrauchtwaren. Wenn die Ladenpreise für ein bestimmtes Produkt erdrückend hoch scheinen, kann ein Blick in diverse Gebrauchtwarenbörsen eine gute Alternative darstellen. Dank dem Internet existiert heute eine gute Infrastruktur, um Dinge, die man selbst nicht mehr benötigt, privat weiterzuverkaufen. In der Praxis kann das für dich oft bedeuten, dass du einen Bedarf wesentlich preiswerter (und unabhängig von der Teuerung) decken kannst. Zwar graut vielen bei dem Gedanken, etwas gebraucht zu übernehmen – doch in vielen Fällen existiert tatsächlich kein reeller Nachteil, so lange der Artikelzustand eine zweckmäßige Verwendung zulässt.

Essentiell dafür, dass Gebrauchtwaren eine interessante Alternative darstellen, ist, dass sie **privat** weitergegeben werden. Wird der Weiterverkauf gewerblich betrieben, verliert die Sache schnell ihren Reiz: Will nämlich jemand an dem Handel mit Gebrauchtwaren verdienen, muss er einen beträchtlichen Prozentsatz auf den ursprünglichen Preis aufschlagen. Dann kommt außerdem noch die Steuer[1] dazu – und damit ist es preislich oft schon nicht mehr attraktiv, gebraucht zu kaufen.
Vor allem bei niedrigpreisigen Artikeln macht ein gewerblicher Handel kaum Sinn. Bei teuren Gegenständen funktioniert das schon eher – zum Beispiel bei Gebrauchtautos. Aber auch in diesem Fall ist klar: Der Händler möchte etwas verdienen. Er kauft also möglichst billig Autos an und verkauft sie möglichst teuer. Ein paar kleine Mängel werden

---

[1] Bei Privatverkäufen fällt i.d.R. keine Steuer an, da die Artikel ohnehin schon beim Neukauf versteuert wurden. Da der Verkaufspreis üblicherweise deutlich unter dem Neupreis (jedenfalls aber nicht höher) liegt, entsteht auch kein Gewinn, der gegebenenfalls zu versteuern wäre.
Macht hingegen ein gewerblicher Anbieter Gewinne mit dem günstigen Ankauf und teureren Verkauf von Gebrauchtwaren, entsteht sehr wohl eine Steuerpflicht (wie z.B. auch bei Spekulationen).

vielleicht beseitigt, doch im Wesentlichen bekommt der Kunde einen teuren Gebrauchtwagen, den er privat im gleichen Zustand wesentlich preiswerter bekommen hätte. Zwar gibt es einen Anspruch auf Gewährleistung, doch dieser kann sich in der Praxis schnell zu einer Streitfrage entwickeln.

Wenn es darum geht der Inflation »entgegenzuhalten«, ist also vor allem der Privatverkauf von Gebrauchtartikeln interessant: Ein Markt, der nicht auf Gewinn und auf den Aufrechterhalt der Produktion durch ständigen Verkauf von Neuwaren ausgelegt ist. Wirtschaftlich betrachtet fast so etwas wie eine Parallelwelt, die durchaus spannende Alternativen bietet.

Doch was konkret ist nun so spannend daran? Es ist die Tatsache, dass Gebrauchtartikel eine gute Möglichkeit für dich darstellen, **viel für dein Geld zu bekommen**. Sie sind sozusagen eine praktikable Methode, wie du **ohne Bedenken** über deinen eigentlichen finanziellen Verhältnissen leben kannst!

Ich selbst nutze diese Alternative schon seit Jahren. So besitze ich sehr viele nützliche Dinge, weil ich sie günstig gebraucht erworben oder aber geschenkt bekommen habe. Ja – auch das kommt vor: Dass Leute ihre Sachen verschenken, die zwar noch in Ordnung sind, jedoch nicht mehr benötigt werden. Man darf nur nicht zu fein bzw. zu stolz dafür sein, von diesem Vorteil auch Gebrauch zu machen.

Dieses System funktioniert natürlich nur, wenn möglichst viele Leute auch dazu bereit sind, ihre **nicht mehr benötigten** Sachen **preiswert** zu verkaufen. So bringe auch ich gerne günstige Gebrauchtgegenstände in Umlauf, worüber sich wieder andere freuen – ich freue mich über ein paar Euro, die ich dafür bekomme. Auch, wenn es nicht viel ist, ist es allemal besser als das, was ich fürs Wegwerfen bekäme – nämlich nichts. Davon abgesehen kann ich mich auf diese Weise guten Gewissens von Dingen trennen, die noch in Ordnung sind, die ich jedoch nicht mehr benötige … ich würde nur sehr ungern etwas wegwerfen, das nicht wirklich irreparabel kaputt ist. Schließlich gefällt mir auch der Gedanke, dass ich damit meinen persönlichen Beitrag dazu leiste, dass das Konzept »Privatverkauf von Gebrauchtartikeln« funktionieren und florieren kann.

Natürlich ist auch diese Alternative nicht frei von Risiken. Es gibt immer schwarze Schafe, die versuchen auf Kosten anderer für Schrott noch Geld zu bekommen. Personen, die den Artikelzustand nicht ehrlich kommunizieren. Oder Leute, die gebrauchte Artikel sehr teuer verkaufen, oft nahe am Neupreis.
Es ist daher auch Vorsicht geboten: Nicht jeder Anbieter ist ehrlich und nicht jeder Gebrauchtkauf ist eine bessere Entscheidung als ein Neukauf. Dennoch ist der Privatverkauf von Gebrauchtwaren insgesamt ein großartiges Werkzeug, das zuweilen ein Stückchen Unabhängigkeit von der Versorgungskette bietet.

In einigen Fällen geht es übrigens auch ganz ohne Geld! Nämlich, wenn die Bereitschaft da ist Dinge, die du nicht mehr brauchst, einzutauschen. Das Prinzip vom **Tauschhandel** ist einfach: Du wirst etwas los, wovon du dich ohnehin trennen wolltest, und bekommst etwas, was du benötigst, bzw. haben willst. Eine Inflation im herkömmlichen Sinn gibt es hierbei nicht.
Die Schwierigkeit beim Tauschhandel besteht darin, jemanden (in deiner Nähe) zu finden, der genau das haben will was du loswerden willst. Gleichzeitig muss diese Person etwas (einigermaßen Gleichwertiges) eintauschen wollen, was wiederum du haben möchtest. Daher ist das Tauschen etwas komplizierter als ein Privatverkauf.
Funktionieren kann es in unserer modernen Welt einerseits dank virtueller Tauschbörsen und andererseits, wenn du den Nutzungswert über einen etwaigen monetären Wert stellst: Wenn du etwas, das du **nicht mehr brauchst**, gegen etwas eintauscht, für das du **Verwendung** hast, ist das hinsichtlich dem Nutzungswert ein gutes Geschäft ... selbst wenn der Gegenstand, den du abstößt, früher einmal etwas mehr gekostet hat als der Artikel, den du nun dafür bekommst.

Letztendlich gibt es auch die Möglichkeit, Dinge zu verschenken, wenn du sie nicht mehr benötigst. Was deinen persönlichen Vorteil angeht, spricht durchaus nichts dagegen etwas, das du nicht mehr brauchst, ohne Gegenleistung an jemanden weiterzugeben, der gute Verwendung dafür hat.

Im ersten Moment nutzt dir das zwar nichts, es schadet dir allerdings auch nicht. Eventuell ersparst du dir sogar einen lästigen Abtransport, bzw. bekommst nützlichen Stauraum wieder frei. Auch kann es ein schönes Gefühl sein, wenn du etwas (z.B. einen Verein, der etwas macht was du gut findest) oder jemanden (Familie, Freunde, nette Bekannte, aufstrebende Menschen, die dabei sind einen großen Traum zu verwirklichen) mit einer Sachspende unterstützen kannst. Schließlich ist es auch möglich, dass sich der Beschenkte eines Tages revanchiert mit etwas, das wiederum du gut brauchen kannst.

Davon abgesehen existiert noch ein weiteres, interessantes Potential in der Sache: Würde ein allgemeines Bewusstsein dafür entstehen, nicht mehr benötigte Dinge lieber zu verschenken als wegzuwerfen, so würde das außerdem dazu beitragen, von der Versorgungskette unabhängiger zu werden. Es würde dabei helfen, die Situation am Markt zugunsten der Nachfrage zu beeinflussen.

Wie aus diesem sowie den vorangegangenen Kapiteln hervorgeht, gibt es durchaus einige **praktikable** Wege, wie wir unsere Abhängigkeit von der Versorgungskette reduzieren können. Zwar sprechen wir meist eher von Möglichkeiten, in Bereichen zu sparen, in denen die Inflation ohnehin nicht so stark spürbar ist, doch auch das kann für deinen Lebensstandard insgesamt relevant sein: Die Lebensmittelpreise steigen. Auch wenn du teilweise auf günstigere Produkte umsteigst und Sachen weglässt, bei denen dir der Verzicht ohnehin nicht wirklich wehtut, kann es passieren, dass du in Zukunft trotzdem mehr Geld für Lebensmittel brauchen wirst. Ähnliches gilt für die Energieversorgung: Selbst, wenn du deinen Energieverbrauch reduzierst, ist es möglich, dass deine Ausgaben für Heizmaterial, Strom und Treibstoff insgesamt steigen werden.

Wenn du für diese Aspekte der Grundversorgung künftig mehr Geld ausgeben musst, bedeutet das logischerweise, dass du weniger für den Standarderhalt und die Unterhaltung übrighast. Insofern macht es durchaus Sinn, wenn du Strategien kennenlernst, die es dir ermöglichen deinen Lebensstandard mit geringerem finanziellem Aufwand zu erhalten. So bist du letztendlich nicht dazu gezwungen insgesamt spürbare Abstriche zu machen, weil dich die Grundversorgung mehr Geld kostet.

13. Sparen

Bisher haben wir hauptsächlich über Möglichkeiten gesprochen, vom Markt und damit von der Preisentwicklung unabhängiger zu werden. In diesem Kapitel widmen wir uns nun einem Punkt, auf den die Inflation tatsächlich wesentliche Auswirkungen hat: Das Sparen.

Tatsache ist nämlich, dass das Sparen – so wie es früher praktiziert wurde – heute unter Umständen nicht mehr sinnvoll ist. Früher war es üblich, jeden Monat einen Teil vom Einkommen zu sparen – etwa auf einem Sparbuch, wo sich das Geld dank der damals guten Verzinsung ganz automatisch vermehrte. Damit schuf man einerseits ein finanzielles Polster für »schlechtere Zeiten« und andererseits für mehr Spielraum im Alter.
Aber es wurde nicht nur für diese Zwecke gespart. Man hat generell auch auf größere Anschaffungen gespart: Auf ein neues Auto, eine neue Wohnzimmercouch, einen neuen Fernseher oder auf einen Urlaub.

Heute funktioniert das nicht mehr so einfach. Die Inflation ist hoch, das Habe-Zinsniveau liegt nahe null. Damit vermehrt sich dein Sparguthaben nicht mehr – im Gegenteil, es verliert durch die Inflation kontinuierlich an Wert.
Dein finanzielles Polster ist also genau dieser Punkt, den die Inflation wirklich angreift. Wenn die monatlichen Ausgaben steigen und die Löhne an die Teuerungsrate (in etwa) angepasst werden, bleibt unterm Strich alles gleich. So kostet beispielsweise das Brot im Supermarkt einen höheren Eurobetrag, dafür stehen monatlich aber auch mehr Euros zur Verfügung. So jedenfalls das Prinzip.
Gespartes Geld jedoch, das du über Jahre zu Zeiten einer höheren Kaufkraft des Euros erwirtschaftet und weggespart hast, wird nun sukzessive weniger wert. Zwar schrumpft durch die Inflation nicht der Eurobetrag auf deinem Sparkonto, doch du bekommst deutlich weniger

für das Geld als du zu der Zeit bekommen hättest, als du diese Euros erwirtschaftet hast.

Insofern können wir festhalten, dass der Mittelstand der Hauptleidtragende einer hohen Inflation ist. Wirklich reiche Menschen (die Rede ist nicht von Besserverdienern, sondern von zwei- oder dreistelligen Millionenvermögen) haben ihr Kapital meist gewinnbringend, oder zumindest stabil angelegt. Wirklich arme Menschen, die von der Hand in den Mund leben, haben ohnehin keine Ersparnisse, die durch die Inflation an Wert verlieren könnten. Wen die Inflation hingegen wirklich trifft, das sind die fleißigen Sparer, die wenn möglich immer etwas von ihrem Einkommen zur Seite legen, um sich finanzielle Reserven zu schaffen.

Jetzt stellt sich natürlich die Frage: Macht Sparen überhaupt noch Sinn? Vor allem fragst du dich vielleicht auch: Wenn sparen heute sinnlos ist, **was dann**? Was ist die Alternative? Schließlich willst du (vermutlich) mehr als einfach nur irgendwie durchs Leben zu kommen: Du möchtest dir etwas aufbauen – und du möchtest verhindern, dass die Inflation die Früchte deiner Arbeit kontinuierlich zerstört. Aber was kannst du tun, damit du nicht nur sinnlos Geld zur Seite legst, das ohnehin ständig an Wert verliert?

Betrachten wir dazu erst einmal, wie signifikant dich die Inflation tatsächlich trifft. Nehmen wir für ein Rechenbeispiel an, du hast 15.000 Euro gespart und die Inflationsrate beträgt 3%, dann verlierst du innerhalb eines Jahres (theoretisch) 450 Euro an Kaufkraft; innerhalb von 5 Jahren sind es schon knapp 2.120 Euro; nach 10 Jahren hast du bereits knapp 3.940 Euro verloren.

Bei einem Ersparten von nur 5.000 Euro sind das immerhin 150 Euro nach einem Jahr, etwa 707 Euro nach 5 Jahren und ca. 1.313 Euro nach 10 Jahren.

Hast du 100.000 Euro gespart, beträgt dein Verlust nach einem Jahr 3.000 Euro, nach 5 Jahren 14.126 Euro und nach 10 Jahren bereits ganze 26.258 Euro.

Das tut auf den ersten Blick schon weh! Bei einer Geldveranlagung auf 10 Jahre verlierst du aufgrund der Inflation (eine Rate von 3% vorausgesetzt) stets mehr als ¼ der Kaufkraft deiner Ersparnisse!

Dieser hohe Kaufkraftverlust wirkt durchaus bedrohlich. An dieser Stelle jedoch eine (bedingte) Entwarnung: Dieser starke Kaufkraftverlust muss dich als Sparer nicht notwendigerweise treffen. Es kommt nämlich auch sehr darauf an, zu welchem Zweck du tatsächlich sparst: Denn die Teuerung trifft nicht alle Bereiche in gleichem Maß!

Angenommen, du hast ein paar tausend Euro gespart, damit du Haushaltsgeräte (Geschirrspüler, Waschmaschine, Fernseher, etc.) bei einem Defekt jederzeit ersetzen kannst, ohne dein Konto überziehen zu müssen – in diesem Fall trifft dich dieser Wertverlust nicht, bzw. nicht so sehr: Ganz einfach deswegen, weil du einen Geschirrspüler in ein paar Jahren voraussichtlich zu einem ähnlichen Preis bekommen wirst wie heute. Damit ist auch dein gespartes Geld in dieser Situation in einigen Jahren ähnlich viel wert wie gegenwärtig.

Die Situation wäre eine vollkommen andere, wenn du auf Wohnraum sparst. Das ist in Zeiten wie diesen wenig empfehlenswert, da Immobilien rasch im Wert steigen (wobei dieser Trend wohl langfristig aufrecht bleiben wird) und du hierfür tendenziell über einen sehr langen Zeitraum sparen müsstest. In diesem Fall würdest du Geld heute teuer verdienen und in einigen Jahren mit (im Gegensatz zu heute) deutlich geringerer Kaufkraft ausgeben.

Das Sparen auf eine Immobilie kann Sinn machen, wenn du beispielsweise vorhast einen alten Bauernhof in einem Abwanderungsgebiet zu kaufen. Weil du z.B. einen Beruf hast, den du von zuhause aus machen kannst, du dich nach Ruhe sehnst und dir eine gute Infrastruktur nicht wichtig ist. Oder weil du kurz vor der Pension stehst und diese nicht in deiner Stadtwohnung, sondern auf dem Land verbringen willst. In diesem Fall kann es auch Sinn machen, auf eine Immobilie hinzusparen, da diese Art Immobilien erstens deutlich weniger kosten und zweitens längst nicht so stark im Preis steigen wie Liegenschaften in infrastrukturell gut erschlossenen Gebieten.

Wenn du allerdings darauf sparst, deine Wohnung eines Tages kaufen zu können – oder gar darauf, ein Haus zu bauen – dann ist das gegenwärtig so als würdest du einen Teil deines hart verdienten Geldes ins Feuer schaufeln. Hier bist du (sofern du ein regelmäßiges Einkommen hast) ganz klar besser dran, wenn du deine Immobilie kreditfinanzierst. Zwar bin ich im Normalfall ein Gegner von Kreditfinanzierung, doch in diesem konkreten Fall bietet sie (bei dem aktuell niedrigen Zinsniveau) tatsächlich Vorteile, auf die ich im folgenden Kapitel noch näher eingehen werde.

Was eventuell auch hinsichtlich Immobilienkauf sinnvoll sein kann, ist, wenn du dir Eigenkapital ansparst, damit du deinen Wohnraum nicht vollständig kreditfinanzieren musst. Dein Eigenkapital dient der Bank als Sicherheit (da sie nicht die gesamte Immobilie vorfinanziert) und führt dazu, dass du einen Kredit nicht nur leichter, sondern auch zu besseren Konditionen bekommst.

Neben der Frage auf **was** du sparst, ist vor allem auch entscheidend, **wie langfristig** du sparst: Sechs Monate auf einen Fernseher? Ein Jahr für einen Urlaub? Das ist auch gegenwärtig problemlos möglich.
Doch nehmen wir an, du planst 15 Jahre lang auf ein Ferienhaus zu sparen: In diesem Fall bist du klar im Nachteil, denn die Inflation im Bereich Immobilien steigt rasant und auf diese Zeitspanne gesehen verlierst du enorm viel Kaufkraft.

Somit können wir festhalten, dass sparen auch gegenwärtig sinnvoll sein kann – vor allem, wenn es um ein konkretes Ziel geht, auf das du sparst. Doch auch sonst macht sparen bis zu einem gewissen Grad durchaus Sinn: Zumindest ein paar tausend Euro Reserve solltest du dir jedenfalls anlegen. Ein finanzielles Polster macht dich schlicht und einfach unabhängiger. Einzig das planlose Geldanhäufen – also sparen, obwohl ohnehin schon zigtausend Euro da sind – und dafür im Alltag auf diverse Freuden (Stichwort: Unterhaltung) verzichten, kann ich nicht empfehlen. Außer natürlich, du sparst auf ein fixes (und nicht besonders stark von der Inflation betroffenes) Ziel hin, wofür du den hohen Geldbetrag brauchst.

Heute, so sagt man gemeinhin, ist sparen sinnlos. Allerdings halte ich dieses pauschale Gerede von wegen »bloß kein Geld sparen, sonst frisst es die Inflation« für Panikmache.

Das ist freilich nur eine Vermutung, doch ich erkenne einige Tendenzen in die Richtung, dass die **Freiheit**, die dir Ersparnisse geben, nicht gewünscht ist (eine solche Tendenz ist etwa die Einführung des Negativzinssatzes durch die EZB im Jahr 2014).

Du sollst nicht sparen, sondern dein Geld immer gleich ausgeben und die Wirtschaft aufleben lassen. Wenn du mehr Geld benötigst (z.B. für einen Urlaub, neue Möbel, etc.), dann sollst du es über ein Finanzierungsmodell oder deinen Kreditrahmen bzw. bei größeren Anschaffungen über einen Kredit finanzieren. Ein Auto sollst du nicht kaufen, sondern leasen. Ja überhaupt lassen sich heute schon viele Dinge leasen, bzw. mieten. Das ist ja auch praktisch … für die Wirtschaft: Du zahlst laufend, aber dir gehört nichts. Hörst du auf zu zahlen, stehst du mit nichts da.

Die Wirtschaft (also das Angebot) möchte nicht, dass Geld gespart wird – denn für die Wirtschaft ist es (jedenfalls kurzfristig) gut, wenn das Kapital ständig in Bewegung ist (wenn die Nachfrage also permanent hoch ist).

Für die meisten von uns ist es jedoch sehr wohl besser, **nicht** gleich alles auszugeben und Geld zu sparen. Denn ein Alltag ohne Reserven, dafür mit Schulden, bedeutet: Ständiger Druck, Stress und Rastlosigkeit. Ein solcher Alltag hat zur Folge, dass du pausenlos in der Pflicht bist. Dass du es dir beispielsweise nicht leisten kannst, den Job zu verlieren, bzw. bei schlechten Arbeitsbedingungen zeitnah zu kündigen.

Lass dich also nicht von der Vorstellung verrückt machen, dass die Inflation jede Form von Sparen automatisch sinnlos macht. Es macht sehr wohl Sinn, wenn du dir ein (**verhältnismäßiges**) finanzielles Polster schaffst.

Ein Mensch ohne Ersparnisse gerät schnell in finanzielle Bedrängnis und in weiterer Folge in die Abhängigkeit. Schon ein defektes Haushaltsgerät oder eine größere Reparatur beim Auto kann in diesem Fall eine Verschuldung bedeuten – und Schulden bedeuten, dass du in der Pflicht bist.

Dass deine Ersparnisse durch die Inflation an Kaufkraft verlieren, ist zwar (fallweise) durchaus zutreffend … aber bedenke auch, was die Alternative ist: Wenn du dein gesamtes Monatseinkommen stattdessen für Dinge ausgibst, für die du es ohne diesen Druck **niemals ausgeben** würdest, dann verlierst du von deinen Ersparnissen nicht 3-4% pro Jahr, sondern 100% pro Monat!

Davon abgesehen hat diese Art des Geldausgebens zusätzlich noch einen fragwürdigen Effekt: Wenn viele Menschen Monat für Monat ihr ganzes Geld ausgeben, bedeutet das insgesamt eine höhere Nachfrage. Letztendlich führt dieses kollektive Vermeiden von Sparen also nur dazu, dass die Inflation womöglich noch stärker zunimmt.

Zusammenfassend können wir festhalten, dass Sparen auch heute noch sinnvoll (und wichtig) ist, allerdings mehr Strategie notwendig geworden ist, damit von deiner Kaufkraft so wenig wie möglich verloren geht.

14. Kredit

Viele Menschen haben einen (langjährigen) Kredit laufen. Wenn du auch dazugehörst, dann habe ich eine gute Nachricht für dich: Du brauchst dir wegen der Inflation einstweilen überhaupt keine Sorgen zu machen. In diesem Fall schadet sie dir nicht. Im Gegenteil: Sie hilft dir, da sie den Wert deiner Schulden verringert.
Davon abgesehen brauchst du dir nicht viele Gedanken über Geldanlagen zu machen: Das Sinnvollste, was du mit »überschüssigem« Geld – also allem, was du nicht unmittelbar brauchst, bzw. für Freuden im Alltag ausgibst – tun kannst, ist deinen Kredit zu tilgen.
Ein Kredit bedeutet Abhängigkeit. Davon abgesehen bringt es wenig, Geld zu sparen, für das du gegenwärtig praktisch keine Zinsen bekommst, wohingegen du auf der anderen Seite einen Kredit laufen hast und dafür sehr wohl spürbare Zinsen bezahlst.

Das bedeutet nicht, dass du gar nichts »weglegen« sollst. Wie schon im Vorkapitel erwähnt, ist es sehr wohl sinnvoll, wenn du ein finanzielles Polster (zumindest 2 – 3 Monatsgehälter) beiseitelegst, für den Fall der Fälle. Wenn plötzlich ein Haushaltsgerät den Dienst quittiert, dein Auto in die Werkstatt muss oder Ähnliches, dann ist es durchaus von Vorteil, wenn du etwas flüssiges Kapital hast. Ebenso, wenn du weißt, dass du in ein paar Monaten auf Urlaub fährst und dafür z.B. 1.500 Euro brauchst. In diesem Fall ist es empfehlenswert, dass du (zumindest) diese Summe auf dem Konto liegen lässt, damit sie verfügbar bleibt.

Ansonsten brauchst du dir aber als Kreditnehmer um die Inflation rein gar keine Sorgen zu machen. Was du verbrauchst, verbrauchst du. Was du dir gönnst, gönnst du dir. Der Rest dient dazu, deinen Kredit abzubezahlen … und bereits getätigte Rückzahlungen verlieren schließlich nicht mehr an Wert.

In einem bestimmen Fall (und vielleicht auch in manch anderer Ausnahme) kannst du dir einen Kredit sogar zunutze machen, damit die Inflation dich nicht trifft: Wie ebenfalls schon im vorigen Kapitel erwähnt, zur Schaffung von Wohnraum.

Wenn du in einer Mietwohnung wohnst und dir Eigentum wünscht, dann kann ein Kredit in diesem Fall sogar äußerst sinnvoll sein. Denn wenn du die Wohnung (bzw. eine andere Wohnung) auf Kredit kaufst, zahlst du monatlich **anstelle** der Miete eben die Kreditraten. Der Unterschied ist, dass dir auf diese Weise irgendwann einmal eine Eigentumswohnung gehört.

In Zeiten der starken Inflation ist dieser Schritt besonders schlau: Denn anstatt Geld zu sparen und eventuelle Kaufkraftverluste hinzunehmen, kannst du es zur Tilgung deines Kredites verwenden – und dir damit einen Eigentumswert schaffen, der im Unterschied zu Geld eben **nicht** an Wert verliert.

Davon abgesehen können dir in diesem Fall allfällige (inflationsbedingte) **Mietpreiserhöhungen** egal sein. Dann brauchst du dir keine Sorgen mehr zu machen, ob du dir in ein paar Jahren die Miete noch leisten kannst. Du zahlst einfach deine fix vereinbarten Kreditraten, bis die Wohnung schließlich dir gehört und du **weder** Kreditrückzahlung, **noch** Miete bezahlen musst.

Du erzielst somit den Effekt, dass einer der großen drei Inflationstreiber »Nahrungsmittel«, »Energie« und »Wohnraum« **dich persönlich** nicht mehr länger betrifft. Im Gegensatz zur Miete ist deine Kreditrate stabil.

Letztendlich genießt du in diesem konkreten Fall noch einen Vorteil, wenn du deine Immobilie kreditfinanzierst: Du kannst deine Eigentumswohnung/dein Haus **gleich** beziehen (bzw. gleich mit dem Bauen anfangen) und musst nicht Jahr(zehnt)e lang warten, bis du dir diesen Traum erfüllen kannst. Somit bietet ein Kredit in diesem einen Fall tatsächlich mehrere Vorteile, die dem Nachteil, dass du für längere Zeit an die Bank gebunden bist, überwiegen.

In anderen Fällen, wenn es nicht um die Schaffung von etwas mit derart großem Nutzen und Wertbeständigkeit geht wie einer eigenen Wohnung, rate ich von Krediten allerdings eher ab: Aus dem Grund, da in sämtlichen anderen Fällen die Kreditrate **zusätzlich** zu den alltäglichen Ausgaben zu bezahlen ist und nicht **anstelle** der Mietausgaben. Damit relativiert sich dieser Effekt selbstredend.

Ein Kredit ist eine **mittel- bis langfristige** Belastung deiner Lebensqualität (außer bei Wohnraum, wo der Wegfall der Miete die Belastung durch die Kreditrate wieder kompensiert). Wenn du etwas kreditfinanzierst, fehlt dir künftig Monat für Monat Geld. Geld, das du universell einsetzen könntest, um dir dein Leben im Hier und Jetzt angenehmer bzw. schöner zu machen; Geld, das dann vielleicht sogar für wesentliche Einkäufe wie Lebensmittel und Haushaltsartikel fehlt – was zu dem Eindruck beitragen (oder sogar hauptursächlich dafür verantwortlich sein) kann, dass das Leben zu teuer geworden ist, als dass du es dir noch leisten kannst.

Grund für diesen Mangel »an allen Ecken und Enden« ist, dass du einen Geldbetrag, der eigentlich **über deinen finanziellen Verhältnissen** liegt (daher musstest du ihn dir auch von der Bank borgen) in eine einzige Sache investiert hast. Eine Sache, die eben weit nicht so **universell positiv** auf dein Leben wirkt, wie der allmonatliche Geldmangel es in die **negative** Richtung tut.

Nehmen wir als Beispiel an, du hast dir einen Kredit aufgenommen, um dir einen Swimming-Pool aufzustellen. Nun zahlst du die nächsten Jahre über monatlich Geld an die Bank zurück – egal, ob du von dem Pool etwas hast oder nicht. Auch in den Wintermonaten, wenn du deinen Pool überhaupt nicht nutzen kannst und damit auch kein positiver Einfluss auf dein Leben da ist, trägst du Monat für Monat die finanzielle Belastung durch den Kredit.

Dasselbe gilt natürlich auch, wenn du dir einen Kredit für eine Reise aufnimmst. Oder für die Weihnachtsgeschenke. Oder auch für eine neue, moderne Heizung. Du hast monatlich weniger universell einsetzbares Geld zur Verfügung, weil eine große Summe in **einen einzigen Faktor** deines Alltags geflossen ist.

Dieses »über den Verhältnissen leben« ist für viele Menschen heute längst Standard geworden. Dementsprechend ist es auch kein Wunder, dass es längst Standard geworden ist, dass Monat für Monat das Geld fürs Leben zu fehlen scheint.

Schließlich trägt diese Kredit- oder Leasing-Mentalität – also der Gedanke: »Ich habe das Geld zwar nicht, aber ich will die Sache trotzdem jetzt schon haben« – letztendlich ebenso zur Steigerung der Inflation bei: Weil du (die Nachfrage) bereit bist einen Preis für etwas zu bezahlen, den du dir in Wahrheit **gar nicht leisten kannst**.

15. Investitionen und der Traum vom großen Geld

Nachdem die Inflation hoch und das Zinsniveau sehr niedrig ist, wächst das allgemeine Interesse an alternativen Anlagemöglichkeiten. Die gibt es durchaus – allerdings sind sie stets risikobehaftet. Je größer die potenzielle Rendite, umso höher ist tendenziell auch das Risiko.

Was ist die Idee hinter diesen Formen der Geldanlage? Ganz einfach: Du investierst über eine Bank oder Börse Geld in Aktien, Fonds oder dergleichen und hoffst dabei auf eine Rendite, die zumindest den inflationsbedingten Kaufkraftverlust durch einen geringen numerischen Zugewinn ausgleicht. Das kann funktionieren, im Idealfall liegt die Rendite prozentuell etwas höher als die Inflation, doch es kann eben auch dazu führen, dass du Geld verlierst. In diesem Fall verlierst du doppelt: Durch die Inflation **und** durch die Geldanlage!

Das wird dich bei einem Fondspaket über deine Hausbank nicht gleich arm machen (was bei Anlageformen mit höherem Risiko schon passieren kann), aber es führt den Zweck deiner Geldanlage ad absurdum, da du schließlich nicht investiert hast, um deinen Verlust bloß noch größer zu machen.

Bevor du dein Geld also risikobehaftet anlegst, solltest du dich jedenfalls umfassend mit der jeweiligen Anlageform, bzw. idealerweise generell mit Geldanlageformen auseinandersetzen. Kurzum, du solltest Ahnung davon haben, damit du Chancen und Risiken einschätzen und gegeneinander abwägen kannst. Das wiederum setzt ein gewisses Interesse an Geldanlageformen voraus. Wenn du dieses Interesse nicht hast – respektive dich eigentlich nicht näher mit diesem Thema beschäftigen willst – ist es besser, wenn du auch nicht damit arbeitest.

Wenn es darum geht Geldreserven vor inflationsbedingtem Wertverlust zu schützen, gibt es auch etwas relativ Neues und damit Interesseerweckendes: **Kryptowährungen.**

Für viele Menschen gelten Kryptowährungen heute als hochinteressant. Nicht nur als Anlageform, die unabhängig vom Kaufkraftverlust der jeweiligen Landeswährung machen soll – sondern vor allem auch als eine Möglichkeit schnell das große Geld zu machen.

Doch wie funktioniert das? Bei einer (seriösen) Kryptowährung werden mittels Blockchain digitale Entitäten, also Währungseinheiten, erzeugt (vgl. »mining«). Bei manchen Kryptowährungen ist die absolute Anzahl dieser Einheiten limitiert, weshalb ab einem bestimmten Zeitpunkt keine Währungseinheiten mehr nachproduziert werden können. Der Fall, dass eine Notenbank bei Geldknappheit einfach Geld druckt (was zu einem Verlust von Kaufkraft pro Geldeinheit führt) kann daher bei diesen Kryptowährungen nicht eintreten. Dieser Punkt klingt jedenfalls schon einmal vorteilhaft.

Nun ergibt sich aber zusätzlich, dass durch die globale Nachfrage nach Krypto-Kapital die Kurse stark, teilweise massiv steigen. So lag die bekannteste und gleichzeitig relevanteste Kryptowährung Bitcoin anfangs, im Jahr 2009 bei einem Kurs von 0,07$ – gegen Ende 2021 lag der Kurs bei etwa 45.000€, beziehungsweise bei 50.700$.

Das sind in der Tat schon mehr als verlockende Werte. Aber weshalb rate ich angesichts dieser beeindruckenden Kursanstiege nicht zum sofortigen Investment in Kryptowährungen? Ja, weshalb habe ich selbst dann eigentlich noch nicht meine gesamten Ersparnisse in dieser Form angelegt?

Selbst wenn die Aussicht auf derartige Kursgewinne verlockend scheint, bin ich bei derartigen Geldanlageformen tendenziell vorsichtig. Es gibt mehrere Faktoren, die mich skeptisch stimmen.

Zuerst einmal mahnen die in den vergangenen Jahren stark gestiegenen Kurse zur Vorsicht. Es gab schließlich auch eine Zeit, da ging es in den USA mit fast allen Aktienkursen steil bergauf. Viele Menschen wollten natürlich auch ein Stück vom Kuchen und investierten bereitwillig. Das ging so weit, dass die Leute ihre gesamten Ersparnisse einsetzten und sogar Kredite aufnahmen, um sich Aktien zu kaufen. Man ging naiver Weise davon aus, dieser Aufschwung würde niemals aufhören. Was kam dabei heraus? Ganz genau – ein heftiger Wirtschaftscrash! Ein Ereignis, das als »Black Thursday« oder als »Börsenkrach von 1929« in die Geschichte einging. Der Beginn einer Weltwirtschaftskrise.

Davon abgesehen ruft vor allem die Tatsache, dass angelegtes Krypto-Kapital nicht wirtschaftet, Skepsis in mir hervor.
Angenommen, du kaufst eine Aktie, dann trägt dein Kapital dazu bei, eine Maschinerie zu finanzieren, die Geld erwirtschaftet. Je nachdem, wie gut diese Maschinerie funktioniert, hast du entweder Rendite oder Verluste. Damit ist nachvollziehbar woher bei der Aktienspekulation dein Profit kommt (und dennoch ist es ein Risikogeschäft).
Bei Kryptowährungen gibt es allerdings keine nachvollziehbare Leistung, die du mit deiner Investition finanzierst. Woher kommt also die hohe Rendite, auf die du hoffst? Woher kommt das ganze Geld, das sich sämtliche Anleger weltweit erhoffen?
Die einzig plausible Möglichkeit lautet: Von den (anderen) Anlegern! Nun haben von diesem Spiel schon viele Menschen profitiert und es mag durchaus auch noch für viele weitere gut gehen. Doch letztendlich müssen diese Profite, die Investoren aus der Spekulation mit Kryptowährungen generieren, auch irgendwoher kommen.
Dass viele in ein System einbezahlen, das nichts erwirtschaftet, jedoch für einige Anleger (teils sehr hohe) Gewinne bedeutet, kann auf Dauer nicht für alle Beteiligten gut funktionieren. Irgendwann muss jemand die Quittung dafür bezahlen – und das werden die gutgläubigen Investoren sein, die zu diesem Zeitpunkt noch Kapital veranlagt haben.

Wann dieser Zeitpunkt sein wird, kann ich nicht voraussagen. Das kann vermutlich niemand. Es ist gut möglich, dass dieses Spiel noch Jahre, vielleicht sogar Jahrzehnte über eine lukrative Anlageform darstellen kann. Womöglich kannst du in den nächsten Jahren sogar noch viel Geld durch die steigenden Kurse von Kryptowährungen verdienen.

Nun möchte ich bestimmt nicht dafür verantwortlich sein, dass dir dieser Profit entgeht. Bevor du investierst, solltest du dich allerdings eingehend mit der Materie befassen und dir auch bewusst machen, dass es eine Spekulation ist. Es gibt ein Risiko. Du kannst gewinnen, du kannst verlieren. Es kann sein, dass du nach einer Investition erst ein Krypto-Vermögen besitzt, doch schon im nächsten Moment kann im schlimmsten Fall deine gesamte Investition verloren sein.

Selbst, wenn du nicht auf Profite aus bist und dein Geld lediglich wertstabil anlegen willst, besteht ein Risiko: Wenn du heute investierst, kann es sein, dass du zu einem hohen Kurs kaufst und der Wert anschließend wieder fällt. Damit würdest du unter Umständen viel Geld verlieren – gegebenenfalls wesentlich mehr, als dich die Inflation an Kaufkraft kosten würde.

Grundsätzlich gibt es zwei wesentliche Beweggründe, dein Geld zu veranlagen: Einerseits die Idee, dein Geld zu vermehren, andererseits der Ansatz, deine Ersparnisse vor der Inflation zu schützen. Das Prinzip ist in beiden Fällen dasselbe: In beiden Fällen soll der numerische Wert deines Geldes anwachsen – im zweiten Fall eben gerade so weit, dass der numerische Zugewinn den Kaufkraftverlust wieder ausgleicht.

Wenn du vorhast Geld zu veranlagen, dann kläre zuerst einmal ab, ob das Angebot überhaupt seriös ist. Man möchte meinen dieser Punkt wäre ohnehin selbstverständlich, und doch ist es an der Tagesordnung, dass Anleger um ihr Geld betrogen werden.

Sieh dir in weiterer Folge genau an, ob die Anlage den von dir gewünschten Zweck erfüllt. Wenn du etwa eine risikoarme Veranlagung über deine Hausbank anstrebst, brauchst du dir wenig Sorgen machen, dass du dein Geld (komplett) verlierst. Die Frage ist aber, ob die Veranlagung für dich Sinn hat … oder, ob es dabei nicht eher um eine Beraterprovision geht. Ich selbst war beispielsweise schon mehrfach in der Situation, dass mir Bankberater unbedingt eine ach so großartige Geldanlage einreden wollten. Bei genauerem Hinsehen erkannte ich allerdings, dass ich persönlich durch die jahrelange Veranlagung von einem

Teil meines Vermögens praktisch gar nicht profitieren würde. Gleich zu Beginn würde sich die Bank diverse Spesen abziehen, die erst im Lauf der Zeit durch den Kapitalertrag ausgeglichen würden. Dann, nach Jahren, wäre (bei planmäßigem Verlauf der Veranlagung) etwas mehr Geld vorhanden als zum Zeitpunkt der Einzahlung, wobei es nicht einmal im Ansatz ein Inflationsausgleich gewesen wäre. Derartige Angebote lehne ich üblicherweise dankend ab.

Die nächste Frage, die es zu klären gilt, ist, ob investieren für dich überhaupt sinnvoll ist. Wenn du ohnehin nur 2 – 3 Monatsgehälter gespart hast, dann brauchst du dir über Möglichkeiten, dein Erspartes vor der Inflation zu schützen, keine großartigen Gedanken machen. Lediglich dann, wenn du ein dickes finanzielles Polster (mehrere Jahresgehälter) hast, lohnt sich diese Überlegung wirklich.

Wenn das der Fall ist, gilt es eine Veranlagungsform zu finden, die für dich persönlich passt. Vielleicht ist das ein Paket von soliden Blue-Chip-Aktien, vielleicht ist es aber auch eine Eigentumswohnung, die du als Wertanlage kaufst und zur Deckung der laufenden Kosten sowie für ein monatliches Zusatzeinkommen vermietest. Generell finde ich die Idee interessant, Geld in möglichst **wertstabilen** Objekten anzulegen, die im Idealfall über die Zeitspanne, bis du sie wieder zu Geld machst, einen Nutzen für dich erfüllen.

Das kann beispielsweise eine Immobilie, alter Goldschmuck, ein Oldtimer oder ein antikes Möbelstück sein. Wichtig ist jedenfalls, dass du dich für etwas entscheidest, das einerseits einen **Nutzen** für dich hat, während du es besitzt, und für das es andererseits einen **aktiven Markt** gibt: Denn das prächtigste Anlageobjekt nutzt dir nichts, wenn du es mangels Akut-Nachfrage bei Bedarf nicht zeitnah zu (einer entsprechenden Summe) Geld machen kannst. In diesem Kontext betone ich noch einmal die Wertstabilität: Nicht alles, was teuer und langlebig ist, eignet sich auch als Geldanlage.

Bei Immobilien bist du (jedenfalls im Inland) auf einer relativ sicheren Seite, bei Luxusartikeln wie z.B. Sammlerobjekten könnte bei einem starken allgemeinen Wohlstandeinbruch auch deren Wert abstürzen –

schlicht und einfach, weil dann k(aum)einer noch Geld für Luxusgüter hätte und die Nachfrage somit fehlen würde.

Wenn du in ein Objekt investierst, bedenke auch mögliche Unterhaltskosten, die dieses mit sich bringt. Fallen durch die Investition laufende Kosten an, dann sollte dir das Objekt auch einen entsprechenden Mehrwert bieten (z.b. Fahrspaß mit dem Oldtimer) oder eben Geld einbringen, um sich selbst zu finanzieren (z.b. Vermietung des Oldtimers an Hochzeitsgesellschaften, Vermietung einer Wohnung, etc.). Wenn dir ein Objekt keinen Mehrwert bietet (weil du keine persönliche Verwendung dafür hast, bzw. kein Interesse daran hast es zu nutzen) und es sich auch nicht (ohne großen Aufwand) selbst finanziert, dann ist es nicht die passende Geldanlage für dich.

Dazu ein Beispiel zur Veranschaulichung: Angenommen, ein Ehepaar um die 50 hat bereits das eigene Einfamilienhaus abbezahlt und zudem auch 100.000 Euro gespart. Dann bietet sich (entsprechendes Interesse und einen freien Garagenplatz vorausgesetzt) die Investition in einen Oldtimer an. Damit kann die Familie z.b. 50.000 Euro wertstabil anlegen[2]. In den nächsten Jahren kann das Auto für Wochenendausfahrten genutzt werden sowie auch für besondere Anlässe (z.b. runde Geburtstagsfeiern von Freunden, bei der Hochzeit der Kinder, etc.) eingesetzt werden. Der Wagen bietet also ein Stück Lebensqualität als Ausgleich für die Unterhaltskosten. Die Leute haben etwas von ihrem angelegten Geld – was bei Investitionen in sämtliche Finanzprodukte während dem Veranlagungszeitraum nicht der Fall ist.

Nach einigen Jahren, wenn das Ehepaar eine größere Summe Geld braucht (z.b. weil das Haus ein neues Dach bekommt) und die Lust am Oldtimer-Fahren geschwunden ist, kann das Auto (dessen Wert im Idealfall zwischenzeitlich gestiegen ist) wieder veräußert werden.

In diesem Fall ergibt die Investition Sinn. Das bedeutet aber nicht, dass eine derartige Investition in jedem Fall sinnvoll ist. Ganz im Gegenteil:

---

[2] Bei der Geldanlage in teure Objekte ist fallweise ein geeigneter Versicherungsschutz anzuraten. Andernfalls kann ein Diebstahl, oder bei einem Oldtimer ein Verkehrsunfall bedeuten, dass das veranlagte Geld verloren ist.

Für andere Personen kann sie vollkommen unpassend, ja sogar ruinös sein.

Es ist mitunter also gar nicht so einfach, die für dich persönlich passende Investitionsvariante zu finden. Wichtig ist jedenfalls, dass du bereits im Vorfeld abklärst, ob eine Investition in deinem persönlichen Fall grundsätzlich sinnvoll ist. In weiterer Folge ist es maßgeblich, dass du dich mit der Materie genau befasst, in die du dein Geld stecken möchtest. Stelle sicher, dass du Chancen und Risiken gut einschätzen kannst. Sonst läufst du Gefahr, dass du letztendlich noch Geld verlierst und somit insgesamt erst recht große Kaufkraftverluste hinnehmen musst.

Wenn du Geld investierst, achte darauf ein finanzielles Polster (jedenfalls 2-3 Monatseinkommen) als flüssiges Kapital zu behalten. Ansonsten kommst du schnell in die Situation, dass du dein investiertes Geld gegebenenfalls zu ungünstigen Konditionen wieder verflüssigen musst.

16. Das Müssen muss aufhören

Richtiges Investieren ist (bei Vorhandensein entsprechender Mittel) ein Weg, der hohen Inflation die Stirn zu bieten. Doch welche Wege gibt es noch, um der Teuerung nicht nur passiv, sondern auch aktiv entgegenzutreten?

Wie wir bereits besprochen haben, stärkt eine hohe Nachfrage tendenziell die Inflation. Nun gibt es ein menschliches Verhaltensmuster, das der Teuerung hervorragend in die Hände spielt: Das **vermeintliche Müssen**!

Betrachten wir ein paar Beispiele, um den Begriff »Müssen« greifbarer zu machen: Weihnachten steht vor der Tür. Du **musst** jede Menge teure Geschenke kaufen; ebenso bei Geburtstagen in der Familie und im Freundeskreis. Die Urlaubssaison ist da: Du **musst** deiner Familie und/oder dir selbst einen teuren Urlaub ermöglichen.

Gerade bei Feierlichkeiten oder bei Urlauben scheinen viele Menschen die Vorstellung zu haben, sich Jahr für Jahr selbst übertrumpfen zu müssen. Es ist beispielsweise egal, ob die Flasche Sekt zu Neujahr 8 Euro, 12 Euro oder 18 Euro kostet. Sie wird einfach gekauft. Auch wenn sie im Vorjahr noch 2 Euro weniger gekostet hat.

Aber dieses Müssen hört schließlich nicht bei besonderen Ereignissen auf. Das eigentliche Problem ist, dass es in so vielen Fällen den Alltag maßgeblich dominiert. Ständig **musst** du (vermeintlich) irgendetwas tun ... egal was es kostet. Du **musst** beispielsweise deinen Standard aufrechterhalten. Du **musst** mobil sein, damit du Morgen für Morgen an deinem Arbeitsplatz erscheinen kannst. Auch privat **musst** du überall dabei sein und sollst bloß nie zu etwas »Nein« sagen ... denn Nein sagen würde ja bedeuten, dass du nicht aufgeschlossen bist und dein Leben verpasst.

Diese Liste von all dem, was wir (scheinbar) tun bzw. sein müssen, ist lang. Daraus entsteht einerseits ein enormer (Leistungs-)Druck und andererseits – da das sehr viele Menschen tun – die perfekte Basis für ständig steigende Preise.

Dieses weit verbreitete Gefühl, dass wir keine Alternativen haben, ist ein treibender Faktor dafür, dass sich die Preisspirale nach oben dreht. Schlicht und einfach deshalb, weil es für eine permanent hohe und zudem **beharrliche** Nachfrage sorgt. Denn wenn du konsumieren **musst**, dann tust du es auch, wenn der Preis dich abschreckt. Damit haben die Preistreiber leichtes Spiel.

Dabei gibt es von diesem »Müssen« unterschiedliche Arten: Manche davon lassen sich bereits »aufbrechen«, indem du dir einmal ernsthaft die Frage stellst: *»Ja, warum muss ich das eigentlich?«*

Diese Art umfasst etwa Gruppenzwänge oder das Gefühl, dass du dein Leben verpasst, wenn du nicht ausgiebig genug konsumierst. Hier kann es schon hilfreich sein, wenn du deine eigenen Verhaltensmuster genauer beobachtest und gegebenenfalls mehr Kontrolle darüber übernimmst – also bewusst damit aufhörst dich selbst in Situationen zu manövrieren, in denen du in der Zahlungspflicht bist.

Bei einer zweiten Art des Müssens ist es schon etwas komplizierter, den Zwang (und damit die Abhängigkeit) zu vermeiden. Hierbei geht es um deine Alltagspflichten – primär um die Notwendigkeit, deinen Lebensunterhalt zu bestreiten: Also ums Geldverdienen, um den Job und alles, was damit zu tun hat. Auch betrifft es andere Menschen, für die du gegebenenfalls Verantwortung zu tragen hast.

Hier befinden wir uns in einer Sphäre, in der auf den ersten Blick kaum ein Weg am »Müssen« vorbeiführt. Es handelt sich schließlich um Verpflichtungen. Damit bleibt dir (vermeintlich) keine Wahl – du kannst nicht einfach sagen: *»Da spiele ich nicht mehr mit!«*

Betrachten wir als Beispiel das Pendeln: Wenn du für den Arbeitsweg bisher 200 Euro pro Monat ausgegeben hast und Kraftstoff nun um

1/3 teurer ist, dann bleibt dir keine andere Wahl, als ab sofort eben Kosten von 300 Euro pro Monat zu akzeptieren, oder? Der einfachste Weg ist natürlich das Müssen hinzunehmen und mit (vorerst) 100 Euro weniger pro Monat auszukommen. In diesem Fall trifft dich die Teuerung allerdings mit voller Wucht!

Eine andere Möglichkeit wäre es, das Müssen zu hinterfragen: **Muss** es wirklich sein, dass du fünf Mal pro Woche in die Arbeit fährst? Dieses Konzept ist fest in der kollektiven Vorstellung verankert ... um nicht zu sagen eingebrannt. Allerdings hat jüngst erst die Corona-Pandemie unter Beweis gestellt, dass in vielen Branchen die Arbeit im Homeoffice genauso möglich ist. Wichtig ist letztendlich, dass du deine Arbeit erledigst – und nicht, dass du Zeit in einem Bürogebäude »absitzt.«

Natürlich kannst du nun nicht einfach sagen: *»Ich komme ab Montag nicht mehr in die Arbeit, da mir der Treibstoff zu teuer ist.«* Sehr wohl aber kann es Sinn machen am Arbeitsplatz den Vorschlag einzubringen, künftig an ein paar Tagen pro Woche von zuhause aus zu arbeiten. Gerade in Zeiten, in denen auch ökologische Faktoren stark im Fokus stehen, ist dieser Ansatz, die alltägliche »Blechlawine« zu verringern, einerseits sehr wünschenswert und andererseits gewiss auch ein gutes Argument für das Anliegen, einen Teil der bisher obligatorischen Fahrten für den Arbeitsweg künftig einzusparen.

Als Kunstschaffender, vor allem aber als Freizeitpionier, habe ich die Erfahrung gemacht, dass es durchaus Sinn macht das allgegenwärtige **Müssen** akribisch zu hinterfragen. Denn in vielen Fällen **müssen** wir Dinge tatsächlich nur deshalb tun, weil sich sinnvollere Alternativen noch nicht etabliert haben, bzw. weil sich irgendjemand **einbildet**, es müsste so sein – und nicht wirklich deshalb, da es für den Aufrechterhalt unseres Systems tatsächlich unbedingt notwendig wäre.

Natürlich können wir auch nicht ständig jede Pflicht von uns weisen, aber vieles müsste, wenn wir einmal genau darüber nachdenken, eben wirklich nicht sein.

Der Punkt ist, dass sehr viele Menschen viel zu leichtfertig zu dem Schluss kommen: *»Mir bleibt ja nichts anderes übrig. Es **muss** eben sein!«*

Tatsache ist, wie das Beispiel mit dem Pendeln zeigt, dass so manches vermeintliche »Müssen« oft gar nicht sein müsste. Wichtig ist, dass du dir selbst bewusst vor Augen hältst, was du **wirklich** tun musst, um dein Leben zu bestreiten. Das kann ein wichtiger Schritt sein, dich selbst aus der Abhängigkeit zu steuern … und, wenn dieses Gefühl von Abhängigkeit abnimmt, lebst du einerseits leichter und verzweifelst andererseits nicht so sehr an hohen Preisen. Denn eine Reduktion des Müssens ist in Wahrheit auch eine Form von **Autarkie**.

17. Der Wirtschaft schaden

Wenn wir schon davon sprechen, festgefahrene Denkmuster zu lösen, dann gibt es ein ganz bestimmtes Dogma, das wir genau unter die Lupe nehmen müssen, wenn wir von der Teuerung unabhängiger werden wollen: Die Idee, dass wir der Wirtschaft in jedem Fall den Vorrang einräumen müssen.

Mittlerweile hat sich wohl herauskristallisiert, dass so manche Maßnahme, um die Inflation einzubremsen, nicht unbedingt das ist, was als »förderlich für die Wirtschaft« gilt. Beispielsweise gilt Konsumverzicht als wirtschaftsschädigend. Doch wenn wir die Inflation und vor allem das ständige Entwerten unserer Ressourcen verhindern möchten, müssen wir dazu bereit sein, die Wirtschaft **hintanzustellen**.
Wird es zur Normalität, dass wir uns nichts mehr aufbauen können und zu rastlosen Arbeitsmaschinen werden müssen, einfach nur damit die Wirtschaft wie geschmiert läuft, dann haben wir eindeutig die falschen Prioritäten.
Die Wirtschaft ist eigentlich dazu da, dass wir unser Leben besser bestreiten können und entsprechend mehr Lebensqualität haben. Es kann nicht sein, dass wir unsere Lebensqualität nun opfern, nur damit die Wirtschaft gut läuft!

Einmal im Ernst: Warum sollten wir uns der Wirtschaft in diesem Maß unterordnen? Die Wirtschaft ist ein **Werkzeug**. Wir sollten nicht unsere **Ressourcen** und **uns selbst** aufopfern, damit dieses Werkzeug blüht und gedeiht. Wenn »gut für die Wirtschaft« bedeutet, »schlecht für uns«, dann sollten wir auf jeden Fall tun, was für uns gut ist.
Das bedeutet nicht, dass wir die Wirtschaft mutwillig schädigen sollen. Allerdings dürfen wir sie auch nicht zur obersten Priorität erklären! Das ist im Übrigen auch ein Punkt, den ich in meinen Romanen immer wieder thematisiere: Die Wirtschaft muss dem Menschen dienen, nicht der Mensch der Wirtschaft!

Dazu ein Zitat aus meinem Roman **Die Aktivistin: Der Widerstand beginnt**: *»Wir alle nutzen das System, also soll auch jeder seinen Beitrag leisten. Aber das System sollte dem Bürger dienen; der Bürger sollte nicht nur da sein, um das System zu erhalten.«*

Weshalb ich das so eindringlich kommuniziere? Ganz einfach deshalb, da viele Menschen rotsehen, wenn es um Nachteile für die Wirtschaft geht. Sie fürchten einen Jobverlust, Massenarbeitslosigkeit und einen Wohlstandseinbruch.

Kurioserweise gibt es bei anderen Faktoren, die für unser (Über-)Leben **weitaus** wichtiger sind, wesentlich mehr Bereitschaft, das jeweilige System zu strapazieren: Etwa bei unserer Umwelt, beim Umgang mit unseren Ressourcen oder bei unserer Gesundheit. In diesen Fällen wird gerne so lange ausgereizt, bis nichts mehr geht. Doch die Wirtschaft zu strapazieren, ist in den Köpfen vieler Menschen ein absolutes »No-Go.«

Das ist allerdings schon insofern problematisch, da die Wirtschaft und der Privatmensch unterschiedliche Zielsetzungen haben: Die Wirtschaft will ständige Bewegung und Wachstum – für den Privatmensch wäre aber vor allem Stabilität wichtig.

Tatsächlich kann eine Wirtschaft, die (zu) gut funktioniert, letztendlich zu Problemen (wie einer steigenden Inflation) führen: Läuft die Wirtschaft zu lange zu gut, kommen zu viele Faktoren ins Spiel, die wir über den Produktpreis zwar mitfinanzieren müssen, die für uns aber keinen direkten Mehrwert bringen. Etwa höhere Steuern und Abgaben, strengere Regularien, aber auch stärkeres Profitdenken der Wirtschaftstreibenden. Denn läuft die Wirtschaft gut, können die Behörden leicht die Steuer- und Abgabenlast erhöhen, sowie neue Vorschriften einführen; ebenso können sich Wirtschaftstreibende, sobald das Geschäft gut läuft, Gedanken darüber machen, wie sie mehr Geld aus weniger Leistung herausholen können. Wer bezahlt das letztendlich alles? Wir, die Konsumenten!

Damit nur zwei Gründe, weshalb eine allzu florierende Wirtschaft durchaus Nachteile haben kann – wie etwa steigende Preise.

Für die Wirtschaft am Besten gilt übrigens eine **moderate** Inflation; stabile Preise, oder gar eine Deflation[3], gelten als schädlich. Allerdings herrscht unter Experten auch Konsens darüber, dass eine **hohe Inflation** ebenso wirtschaftsschädigend ist.

Insofern tun wir der Wirtschaft **mittel- bis langfristig** gar nichts Schlechtes, wenn wir in Zeiten einer steigenden Inflation anfangen gegenzusteuern. Im Gegenteil, wir schützen sie vor sich selbst!

In vielen Fällen kann es daher durchaus Sinn machen der Wirtschaft durch das eigene Kaufverhalten (so zu sagen) zu schaden, um dadurch auf längere Sicht zu helfen, sie in Balance zu halten.

---

[3] Eine Deflation ist das Gegenstück zur Inflation. Sie steigert die Kaufkraft von Ersparnissen und lässt die Preise sinken. Dadurch hemmt sie sowohl den Konsum, als auch Investitionen. In weiterer Folge sinkt auch das Lohnniveau. Außerdem lässt eine Deflation den Wert von Schulden anwachsen (wohingegen die Einnahmen sinken), wodurch die Belastung privater sowie öffentlicher Schuldner zunimmt.

18. Die Inflationsrate

Im vorigen Kapitel spreche ich von einer moderaten Inflation. Tatsächlich können wir eine leichte Teuerungsrate schon hinnehmen – anders sieht es bei einer stärkeren, deutlich spürbaren Inflation aus. Wie du am zielführendsten auf die Teuerung reagieren kannst, hängt also auch stark von der Höhe der Inflationsrate ab.

Die meisten Zeilen in diesem Buch gelten vor allem für eine Inflationsentwicklung, wie sie im Mitteleuropa in den vergangenen Jahren Alltag gewesen ist. Also für eine Inflationsrate im niedrigen einstelligen Bereich. Steigt die Inflation tatsächlich drastisch an (wie etwa im Jahr 2021), ändern sich die Regeln jedoch gegebenenfalls.

Liegt die Inflationsrate etwa längerfristig über 5% oder steigt sie deutlich über diesen Wert, ändert sich beispielsweise etwas im Bezug auf die Sinnhaftigkeit von **Investitionen**. Bei 3% Inflation macht investieren nur Sinn, wenn du wirklich weißt, was du tust und wenn die Investition auch eine Rendite mit sich bringt. Ansonsten verlierst du womöglich mehr durch die Investition als durch die Inflation. Bei mehr als 5% allerdings ist es nicht mehr so wichtig, dass eine Rendite vorhanden ist. Es geht nicht mehr darum zu verhindern, dass dein Geld weniger wert wird – es geht darum dafür zu sorgen, dass du möglichst wenig Schaden davonträgst.
Denn etwa ab dieser Inflationsrate macht das langfristige Sparen (von größeren Summen) tatsächlich kaum noch Sinn, da Geld nicht mehr ausreichend Wertstabilität hat. Anders sieht es mit einem finanziellen Puffer von 2 – 3 Monatsgehältern aus. Diese Rücklage würde ich auch bei 5% Teuerungsrate noch empfehlen. Bei einer Summe von 5.000 Euro bedeutet das, dass du innerhalb eines Jahres (theoretisch) 250 Euro an Kaufkraft verlierst – praktisch ist das wahrscheinlich gar nicht der Fall, da du dieses Geld vermutlich nicht für die Grundversorgung verwenden wirst, in der die Inflation überproportional ansteigt. Wenn

du es nutzt, etwa um defekte Haushaltsgeräte zu ersetzen, spürst du die Teuerung auch bei 5% Inflation kaum.

Zudem ist ein finanzieller Puffer keine langfristige Veranlagung. Das Geld wird ja mittelfristig ohnehin wieder in Umlauf gebracht. Ein hoher Inflationsverlust über die Jahre kommt in diesem Fall also nicht zustande.

Eines ändert sich (vorerst) auch bei einer höheren Inflationsrate nicht: Auch bei 5% oder mehr trifft das Problem ebenso vor allem Menschen, die über nennenswerte Ersparnisse verfügen. Ersparnisse, die nicht existieren, können von der Inflation auch nicht entwertet werden.

Das bedeutet im Übrigen nicht, dass Menschen ohne Ersparnisse gar nichts zu befürchten haben: Schreitet die Teuerung nämlich schneller voran als die Löhne angepasst werden, macht sich die Inflation sehr wohl bemerkbar.

Hinzu kommt, dass die Faktoren der Grundversorgung überproportional im Preis steigen: Selbst, wenn nach einem Jahr mit einer Inflationsrate von 5% die Löhne um diesen Prozentsatz angehoben werden, hilft das wenig, wenn beispielsweise der Preis für Kraftstoff im deutlich zweistelligen Prozentbereich gestiegen ist.

In diesem Fall hilft im ersten Moment nur zurückstecken – wobei das im Idealfall eher beim **Müssen** als beim **Wollen** erfolgt. Entscheidend für den Aufrechterhalt deiner Lebensqualität ist hierbei langfristig vor allem die **Autarkie**.

Hast du nun allerdings auch nennenswerte Ersparnisse, dann hast du bei einer höheren Inflationsrate definitiv auch eine Sorge mehr: Denn irgendetwas muss mit deinem hart ersparten Geld geschehen, sonst ist es in ein paar Jahren vielleicht kaum mehr etwas wert.

Der Punkt, an dem du auf jeden Fall (spätestens) reagieren solltest, ist, wenn nicht mehr nur Güter der Grundversorgung (also Lebensmittel, Energie und Wohnen) spürbar teurer werden, sondern das Preisniveau allgemein ständig steigt. Wenn also z.B. auch Einrichtungsgegenstände, Elektrogeräte, etc. (ähnlich wie jetzt Lebensmittel) **kontinuierlich** im

Preis angehoben werden. Werden Waren allgemein zusehends teurer (ohne, dass eine gestiegene Komplexität dafür verantwortlich ist), dann trifft dich der Kaufkraftverlust nämlich in jedem Fall.

Aber was sollst du dann tun? All dein Erspartes schnell verprassen, nur damit es nicht an Wert verliert? Dann hättest du 100% verloren – das hilft auch nichts.
Wenn dieser Fall eintritt, ist es wichtig, einen kühlen Kopf zu bewahren und (zeitnah) eine **eigene, zu deiner individuellen Situation passende** Strategie zu entwickeln. Eine hohe Inflation ist ein Grund zur Vorsicht. Sie ist aber (vorerst) kein Grund zur Panik.

So! Weshalb verrate ich an dieser Stelle nicht einfach ein paar **konkrete** Möglichkeiten, die für dich sicher funktionieren? Ganz einfach deshalb, weil es schwer möglich ist, eine konkrete Strategie zu nennen, die pauschal für jeden Leser dieser Zeilen funktioniert.
Damit du siehst was ich meine, verrate ich dir jetzt meine eigene Strategie gegen die Entwertung meines Geldes. In meinem Fall ist es so, dass ich schon viele beständige Werte geschaffen habe, um die ich mir im Fall einer noch stärkeren Inflation keine Sorgen machen muss, bzw. die den Wert für mich sichern.
Was meine Ersparnisse angeht, habe ich mehrere Möglichkeiten, um sie gegebenenfalls zeitnah anzulegen. Daher beobachte ich die Situation gegenwärtig (Stand Anfang 2022) noch.
Sollte die Inflation weiter steigen, habe ich beispielsweise die Möglichkeit, Geld in meine Autosammlung zu investieren. Das betrachte ich persönlich zwar weniger als eine Kaufkraft-Anlage, da ich nicht plane meine Autos zu verkaufen, jedoch wäre es mir definitiv lieber mit dem Geld meine Sammlung (für mich persönlich) aufzuwerten, als es von der Inflation entwerten zu lassen.
Dann habe ich als Kunstschaffender natürlich die Möglichkeit, Geld in meine Arbeit zu investieren. In Projekte, die ich ursprünglich eigentlich nicht aus meinen Ersparnissen finanzieren wollte – doch bei einer stark steigenden Inflation ändern sich wie bereits gesagt auch die Regeln …

und bevor mein Geld seinen Wert verliert, ist in meinem Fall eben auch die Content-Produktion eine Möglichkeit, mein Kapital sinnvoll anzulegen.

Soviel zu (einem Teil) meiner Strategie. Wie du siehst, kannst du damit nicht besonders viel anfangen, oder? Meine Strategie ist nämlich keine Lösung dafür, wie **du selbst** am besten auf die steigende Inflation reagierst. Daher mein Rat, zeitnah eine Strategie zu entwickeln, die für dich persönlich gut funktioniert.

Eine (schon recht konkrete) Anregung für die Entwicklung einer Strategie zum Schutz deiner Ersparnisse habe ich allerdings doch für dich: Es kann Sinn machen, wenn du dein gespartes Geld aufsplittest: Einen Teil investierst du in Dinge, die du ohnehin brauchst/haben willst (nur unter normalen Umständen noch nicht gekauft hättest). Damit ist dieser Teil deines Geldes zwar ausgegeben, aber du hast etwas davon, woran du Freude hast, bzw. was dir einen Nutzen bringt.
Einen zweiten Teil investierst du in eine (greifbare) Wertanlage, die du bei Bedarf in absehbarer Zeit wieder zu Geld machen kannst.
Den dritten Teil belässt du bis auf Weiteres entweder gänzlich in flüssiger Form, oder du gehst angesichts der hohen Inflation auf Risiko und investierst einen Teil davon in eine abstrakte Anlageform (z.B. Kryptowährungen), die jederzeit in Geld umgewechselt werden kann.

Worin liegt nun der Sinn dieser Aufsplittung? Dadurch verhinderst du, dass dein gesamtes Kapital von der Inflation entwertet wird. Außerdem bist du dann auch nicht von einer einzigen Anlageform abhängig.
Der Effekt ist, dass du von deinen Reserven sowohl etwas geschaffen hast, wovon du profitierst (was ggf. nicht mehr möglich wäre, wenn du das Geld noch länger unangetastet liegen ließest) und andererseits hast du einen Teil inflationsunabhängig in Form eines Gegenstandes bzw. mehrerer Gegenstände veranlagt.

Für den Fall, dass du Geld brauchst, hast du immer noch einen Teil flüssiges Kapital. Dieses Geld verliert zwar weiterhin an Wert, doch der Wertverlust betrifft nun nur noch einen Bruchteil deiner Ersparnisse.

Eine einfache Beispielrechnung zur Veranschaulichung: Angenommen, du hast 30.000 Euro gespart und splittest das Geld in drei Teile á 10.000 Euro[4]: Du investierst also 10.000 Euro in Dinge, die du in deinem Alltag gerne haben möchtest, dir bisher aber noch nicht leisten wolltest (z.B. eine Whirlpool-Wanne, eine Sauna, ein neuer Computer, etc.). Weitere 10.000 Euro investierst du in Anlageobjekte, über deren Wertbeständigkeit du dich im Vorfeld informiert hast.
Damit bleiben noch 10.000 Euro, die weiterhin von der Inflation betroffen sind. Bei einer Inflationsrate von 5% verlierst du innerhalb des ersten Jahres also (theoretisch) 500 Euro – hättest du nichts gemacht und die 30.000 Euro auf dem Sparkonto liegen gelassen, wären es bereits 1.500 Euro. Damit »sparst« du durch die Verringerung des inflationsabhängigen Kapitals innerhalb eines Jahres immerhin 1.000 Euro an Kaufkraftverlust ein.

Bei genauer Betrachtung ist dieses Aufsplitten von Ersparnissen auch Grundlage meiner Strategie für den Fall, dass die Inflationsrate länger auf 5% oder mehr bleibt, bzw. deutlich über diesen Wert hinausgeht. Wichtig ist, dass die einzelnen Schritte gut überlegt sind: Also beispielsweise, dass du dir mit dem Geld echte Wünsche erfüllst, an die du dich bisher nur noch nicht herangetraut hast, weil du lieber sparen wolltest. Oder eben, dass ein Anlageobjekt tatsächlich auch als solches taugt.

Angesichts der Tatsache, dass unterschiedliche Inflationsentwicklungen auch unterschiedliche Vorgehensweisen notwendig machen, beinhaltet deine Strategie im Optimalfall einen **Mehrstufenplan**. Du kannst dir etwa auch überlegen, was du im Fall einer »galoppierenden Inflation« tun würdest.

---

[4] Das Aufsplitten im Verhältnis von 1:1:1 dient lediglich als Richtwert.

In diesem Szenario wäre die Situation definitiv außer Kontrolle. Bei dieser Extremform von Inflation verliert das Geld innerhalb von kurzer Zeit drastisch an Wert. Hier ist nicht mehr die Rede von einem einstelligen Prozentwert pro Jahr, sondern von sehr hohen prozentuellen Verlusten innerhalb von Wochen, oder sogar Tagen.

Sollte dieser Fall eintreten, kann ein ganzes Vermögen innerhalb kürzester Zeit im Nichts verschwinden. Wird diese Entwicklung Realität, ist jede Investition besser als keine Investition.

Ganz ehrlich: Sollte die Inflationsrate wirklich durch die Decke gehen, würde auch ich einen Teil meines Ersparten in möglichst stabilen Kryptowährungen anlegen. Ich würde also einen Schritt gehen, von dem ich unter normalen Bedingungen eher abrate – doch in diesem Fall würde mir die Angst vor schwankenden Kursen oder einem Krypto-Crash definitiv weniger Sorgen bereiten als die garantierte Komplettentwertung meiner Ersparnisse.

Damit können wir grundsätzlich festhalten: Je höher die Inflationsrate, umso risikofreudiger kannst du investieren. Besser, ein unkalkulierbares Risiko eingehen, als zuzusehen, wie dein Geld ganz sicher seine Kaufkraft verliert.

Allerdings ist das aktuell recht hohe Inflationsniveau, wie bereits gesagt, noch kein Grund zur Panik. Wichtig ist, dass du die Situation im Blick behältst und auf verschiedene, potenzielle Szenarien vorbereitet bist – auch auf das Worst-Case-Szenario.

Was dir allerdings nicht weiterhilft, ist Schwarzmalerei und daraus resultierendes **vorschnelles Handeln**! Solltest du (aus Angst, aus Vorsicht, etc.) falsch investieren, richtest du damit auf deinem Konto gegebenenfalls mehr Schaden an als die Inflation es tut. Besser ist, wenn du im Vorfeld eine Strategie entwickelst und die notwendigen Weichen stellst, damit du im Falle eines Falles schnell handlungsfähig bist.

19. Fazit

Damit sind wir auch schon im Finale dieses Buches angekommen – und nun bist du am Zug! Jetzt hast du eine Basis, um deine eigene Situation zu analysieren und anhand der vielen Beispiele, die wir durchgenommen haben, eine geeignete Strategie (inkl. Mehrstufenplan) zu entwickeln, wie du persönlich souveräner auf die Inflation reagieren kannst.

Nun kennst du einige Methoden, bzw. hast einige Anregungen, was du tun kannst, damit du nicht tatenlos dabei zusehen musst, wie dein Geld immer weniger wert wird. Auch sollte es dir jetzt möglich sein, die jeweils aktuelle Inflationssituation besser zu beurteilen – vor allem auch dahingehend, wie sehr sie **dich persönlich** wirklich tangiert.

Bedenke, dass vieles in diesem Buch (wie genannte Beispiele, Lösungsansätze, etc.) als Anregungen und nicht als 1:1-Anleitungen gedacht sind. Für ein gutes Gelingen ist daher gegebenenfalls folgender Gedankengang sehr wesentlich: *»Das konkrete Beispiel ist für mich in dieser Form zwar nicht sinnvoll bzw. durchführbar, aber wie kann ich das **Prinzip dahinter** für mein eigenes Leben nutzen?«* Dieses Abstrahieren ist entscheidend für die erfolgreiche Anwendung der Buchinhalte.

Worauf du (möglicherweise) bis jetzt vergeblich gewartet hast, ist der ultimative Geheimtipp – also eine ganz einfache Lösung, wie du dein Geld absolut sicher und kaufkraftstabil veranlagen kannst, bzw. noch deutlich an Kaufkraft gewinnen kannst, sodass du dir einen höheren Lebensstandard leisten kannst.
Ich will dich nicht anlügen: So einfach funktioniert das nicht! Diesen Geheimtipp, durch den alle Menschen schnell und einfach reich und obendrein noch glücklich werden können, gibt es nicht. Wer behauptet so etwas zu kennen, will dir mit ziemlicher Sicherheit in Wahrheit nur etwas verkaufen.

Der Weg, der wirklich funktioniert, ist etwas umständlicher: Zuerst musst du dir den Status quo (also deine gegenwärtige Alltagssituation) bewusst machen und dir über deine Zielsetzung im Klaren sein – dann geht es um die Details, die du anpassen musst, damit der Ist-Zustand zum Soll-Zustand wird.

Was den Umgang mit der Inflation anbelangt, ist der wohl wesentlichste Punkt die Unabhängigkeit – oder, wie wir sie im Kontext dieses Buches nennen: Autarkie.
Zur Unabhängigkeit gehört meines Erachtens auch, dass du ausreichend Ahnung von dem hast, was du (geldtechnisch) tust. Du musst kein Finanzexperte werden, doch zumindest die Maßnahmen, die du ergreifst, solltest du auch verstehen, schon alleine um ihre Folgen umfassend abschätzen zu können.

Ich selbst handhabe es nicht anders: Ich bin kein Ökonom und ich möchte mich definitiv auch nicht als »Finanz-Guru« darstellen. Auch maße ich mir ganz bestimmt nicht an, es besser zu wissen als ausgebildete Experten.
Ich bin Kunstschaffender und Freizeitpionier. Als solcher möchte ich mein Leben frei gestalten können, weshalb es für mich auch sinnvoll ist, mich bis zu einem gewissen Grad mit Geld-Themen zu befassen. Geld ist in unserer Gesellschaft ein wichtiges Werkzeug und daher ist es sehr vorteilhaft, wenn du damit (in für dich zweckmäßigem Rahmen) umzugehen weißt.
In der Vergangenheit habe ich immer wieder Dinge verwirklicht, die andere so lange als »unrealistisch« bezeichnet haben, bis sie auf einmal da waren. Dabei habe ich auch stets ein glückliches Händchen im Umgang mit Geldangelegenheiten bewiesen, wobei das nicht auf Glück, sondern auf meinen überlegten Umgang mit Geld zurückzuführen ist. Auf genau dieser Grundlage, nämlich auf Basis meiner **Eindrücke, Erfahrungen** und **Erkenntnisse**, habe ich auch dieses Buch verfasst.

Solltest du jetzt feststellen, dass du mehr willst – mehr Wege kennen-lernen, die aus dem Müssen herausführen; mehr Gestaltungsmöglich-keit; mehr Fokus darauf, wie du deine persönlichen Träume verwirkli-chen kannst; mehr aus dir machen und mehr von deinem Leben haben – dann empfehle ich dir auch einen Blick in mein Buch »Leb deinen Traum: Sei Freizeitpionier« zu werfen. Darin erfährst du, wie du dein Leben nicht nur was das Geld angeht, sondern auch generell viel freier gestalten kannst.

Auf jeden Fall aber besitzt du nun, wenn du dieses Buch aufmerksam gelesen hast, die notwendige Basis, damit du die Teuerung nicht einfach akzeptieren musst, sondern aktiv Maßnahmen setzen kannst, um deine Kaufkraft zu schützen.
Du verbringst wahrscheinlich einen wesentlichen Teil deiner Zeit damit, Geld zu verdienen. Stelle also sicher, dass du dieses Opfer nicht um-sonst bringst: Lass dir deinen Verdienst – dein Geld – nicht einfach so entwerten. Nutze die Tipps aus diesem Buch, um aus deinem Geld ein Maximum an Kaufkraft herauszuholen.

Damit wünsche ich dir viel Erfolg bei der Entwicklung deiner persönli-chen Strategie gegen die Entwertung deines hart verdienten Geldes!

WEITERE WERKE VON THOMAS SAILER

LEB DEINEN TRAUM: SEI FREIZEITPIONIER

ISBN: 978-3-347-29662-6 (Paperback)
ISBN: 978-3-347-29663-3 (Hardcover)
ISBN: 978-3-347-29664-0 (E-Book)

1. Ausgabe (2021)

DIE GEFÄNGNISINSEL

(Roman)

ISBN: 978-3-7469-2713-8 (Paperback)
ISBN: 978-3-7469-2714-5 (Hardcover)
ISBN: 978-3-7469-2715-2 (E-Book)

1. Ausgabe (2018)

DIE AKTIVISTIN: DER WIDERSTAND BEGINNT

(Roman)

ISBN: 978-3-7497-1266-3 (Paperback)
ISBN: 978-3-7497-1267-0 (Hardcover)
ISBN: 978-3-7497-1268-7 (E-Book)

2. Ausgabe (2019)

DER FREIZEITPIO-NIER

(Roman)

ISBN: 978-3-9503878-2-7 (Paperback)
ISBN: 978-3-9503878-3-4 (E-Book)

2. Ausgabe (2015)

FSC
www.fsc.org
MIX
Papier | Fördert
gute Waldnutzung
FSC® C083411

Zeitfracht Medien GmbH
Ferdinand-Jühlke-Straße 7
99095 Erfurt, Deutschland
produktsicherheit@kolibri360.de